R… OUS PLAÎT

R…

A BBC Television course of thirty programmes for beginners in French

BOOK ONE Lessons 1 – 10

Illustrations
MARTINA SELWAY

Photographs
ANDRZEJ SLEZAK

Language Adviser and Dialogues
MAX BELLANCOURT, L.ès L., D.E.S., Chevalier de l'Ordre des Palmes Académiques; Lecturer: University of London Extra-Mural Department

Course devised by
JOSEPH CREMONA, M.A., Ph.D., Fellow of Trinity Hall and Lecturer in Romance Philology, University of Cambridge.

Production
SHEILA INNES

BRITISH BROADCASTING CORPORATION

CONTENTS

The photograph on page 20 is reproduced by permission of AGIP. The photograph on page 41 was taken by Photostudios Ltd. The remaining photographs (except page 46) were specially taken by Andrzej Slezak.

INTRODUCTION

RÉPONDEZ S'IL VOUS PLAÎT is a new course for beginners in French, which aims to combine entertaining viewing with effective learning. Each programme begins with a series of simple everyday situations which include conversational exchanges and information useful to anyone visiting France (or French-speaking Belgium and Switzerland); these are followed by an episode in a serial story set in the south of France, in a small town called Montmirail. Film shot on location adds authenticity to the 'thriller' story-line.

THIS BOOK is the first of a set of three and is accompanied by a long-playing record; both are designed to help you make the most of the television programmes. The book contains the basic dialogues for each programme, together with a list of the words and expressions used. The translations are confined to the meaning of words as they occur in the dialogues. Then there are explanations of the way they are used, and hints on how to pronounce them. The material for each programme is followed by sets of exercises carefully designed to help you acquire fluency in speaking the language. At the back of the book you will find a grammar summary and index, a list of the words used arranged according to their sense, and finally, a glossary of all the words and expressions that appear in the book.

THE RECORD contains a selection of the exercises printed in the book. It is best to do these *after* the programme and *before* looking at the book: this will help to increase your fluency and to ensure accurate pronunciation; it will also help train your auditory memory, an essential factor in the language-learning process.

SO, TO GET THE MOST OUT OF THE COURSE, try to adopt the following pattern:
After the broadcast,

- *without looking at the book*, play the corresponding section of the record (there is one band for each lesson) and answer the questions or 'cues', having first listened carefully to the models spoken at the beginning of each sequence;
- *then* read the explanation sections and do all the exercises that follow;
- *then* read the dialogue of the programme;
- *then* watch the repeat of the programme.

If you can follow this routine week by week, you should find each successive lesson easier to master. If you have to miss a programme now and again, do not be afraid of getting left so far behind that you cannot follow: the book and record will help to bridge the gap. The course is not hard going. Our aim has not been to rush you through all the complexities of the language, but to enable you to understand the French you hear in ordinary, everyday situations, and then speak with confidence in a simple but effective way.

NOTES

- French nouns in the 'Words and Expressions' lists and in the Glossary are preceded by **le**, **la** or **l'**, as appropriate: these are not translated, as their English equivalent, when used, is always **the**.
- English translations in the 'Words and Expressions' lists, and in the Glossary, give only the meanings used in the dialogues and exercises.
- Exercises that have been selected for the accompanying long-playing record are marked with a ● in the book.

- THE EXERCISES. To do the exercises properly, cover the page with the masking card provided, and move it down the page to reveal one line at a time. At the top of each sequence you will find one or more examples or models to show you how the exercise goes. After studying the models, read each question or 'cue' aloud, as it is revealed on the right-hand half of the page; then say the answer aloud, following the pattern of the models. As you move the card down the page, the correct answer will appear on the left, before the next question or 'cue'. Go through each sequence several times until the answers come automatically.

- THE PROGRAMMES. Broadcast on BBC-1 on Sundays at 9.30 a.m. beginning October 5, 1969, repeated on the following Saturdays at 10.00 a.m.

1 Vous allez en vacances?

(Guy Lambert, a young detective who lives in Paris, is packing to go on holiday. The concierge, Mme Muche, is helping him. A friend calls in and everything is fine until Guy's boss rings up.)

Guy Un pull-over . . . là!
Un maillot . . . là!
Le pantalon . . . là!
Bon! Madame Muche! (calling) Madame Muche!

Mme Muche Oui, Monsieur Lambert?

Guy Le sac!

Mme Muche Oui . . . ? (coming into bedroom)

Guy Le sac . . . où est le sac?

Mme Muche Là . . . sous le lit.

Guy Bon, merci. Je voudrais poser le sac sur le lit. Le pull-over . . . dans le sac. Le maillot . . . dans le sac. Le pantalon . . . (decides to pack trousers in case) Non . . . le pantalon . . . là! Et le pyjama . . . ? Le pyjama . . . dans le sac.
(Doorbell rings)

Mme Muche Bonjour, Mademoiselle!

Marise Bonjour, Madame Muche!
Bonjour, Guy!

Guy Bonjour, Marise!

Marise (sees luggage) Ah! Vous allez en vacances!

1

Guy Oui.
Marise Alors, amusez-vous bien . . . ! Vous voulez le journal ?
Guy Oui, s'il vous plaît.
Marise Voilà ! Au revoir, Guy.
Guy Au revoir, Marise (Marise goes, Guy continues packing). Bon . . . Madame Muche . . . ! Le guide, s'il vous plaît.

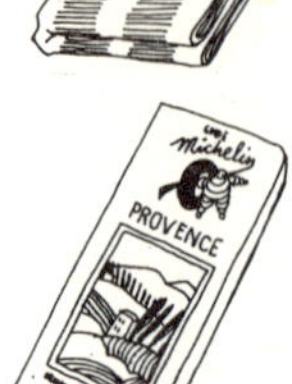

Mme Muche Oui ?
Guy Où est le guide ?
Mme Muche Le guide ? Il est sur le bureau.
Guy Non.
Mme Muche Sous le bureau, alors . . .
Guy Ah . . . voilà le guide !
Mme Muche Et le livre ? Vous voulez le livre ?

Guy Non, merci.
Mme Muche Le peigne . . . ?
Guy Alors, le guide . . . dans le sac, sous le pyjama.
Mme Muche Vous voulez le peigne ?
Guy Oui, merci.
(Telephone rings)

Mme Muche Le téléphone . . . (answers) Oui ?
M. Foucher Bonjour, Madame !
Mme Muche Bonjour, Monsieur !
M. Foucher Je voudrais parler à Lambert.

Mme Muche Vous voulez parler à Monsieur Guy Lambert. (calls) Monsieur Lambert ! Le téléphone !
Guy (on phone) Oui ?
M. Foucher Lambert ?
Guy Oui . . . Bonjour, patron !
M. Foucher Bonjour, Lambert ! Vous voulez regarder le journal ?
Guy Le journal ?
M. Foucher Oui, le journal.
Guy (to Mme Muche) Je voudrais le journal, s'il vous plaît.
Mme Muche Voilà.
Guy (reading headline) Ah, oui . . . 'LE MYSTÈRE DE MONTMIRAIL'
M. Foucher Vous allez en vacances, Lambert . . . ?
Guy Oui.
M. Foucher Et vous allez à Montmirail ?
Guy Oui.
M. Foucher Alors, vous avez compris ! Au revoir, Lambert. Amusez-vous bien ! Et . . . travaillez bien !
Guy (slamming down receiver) Non ! Non ! Et non !
Mme Muche (hearing a taxi draw up) Voilà le taxi ! (noticing trousers on bed) Oh ! Le pantalon !
Guy (stuffing trousers into bag) Au revoir, Madame Muche !
Mme Muche Au revoir, Monsieur Lambert. Et amusez-vous bien !
Guy Merci, Madame Muche.

(Goes downstairs and jumps into taxi)

Le Chauffeur de taxi Bonjour, Monsieur !
Guy Bonjour, Monsieur !
Le Chauffeur Alors, vous allez en vacances ?
Guy En vacances ? Hum . . . Oui et non.

1

WORDS AND EXPRESSIONS . . .

le bureau	desk
le chauffeur de taxi	taxi-driver
le disque	record
le guide	guide-book
le journal	newspaper
le lit	bed
le livre	book
madame	madam/Mrs
mademoiselle	madam/Miss
le maillot	bathing-costume
monsieur	sir/Mr
le mystère	mystery
le pantalon	(pair of) trousers
le patron	boss
le peigne	comb
le pull-over	pullover
le pyjama	pyjamas
le sac	(travelling) bag
le taxi	taxi
le téléphone	telephone

le	the
un	a, an
il	it
je	I
vous	you

est	is
parler (à)	to speak (to)
poser	to put down
regarder	to look at
je voudrais	I'd like (to have), I want
vous voulez	you'd like (to have), you want

alors	so, now then
dans	in
de	of
et	and
là	here/there
merci	thank you
non	no
où	where
oui	yes
sous	under
sur	on
voilà	here/there (it) is

amusez-vous bien!	have a good time!
au revoir!	goodbye!
bon!	good!/all right!
bonjour!	good morning!/afternoon!
continuez!	carry on!
écoutez!	listen!
en vacances	on holiday
travaillez bien!	work well!
vous allez	you go/are going
vous avez compris?	did you understand?
répétez!	repeat!
répondez!	reply!/answer!
s'il vous plaît	please

. . . COMMENTS . . .

'Bonjour, Monsieur!'
'Bonjour, Madame!'
'Bonjour, Mademoiselle!'
'Bonjour, Mademoiselle Dupré!'
'Bonjour, Monsieur Foucher!'
'Bonjour, Madame Muche!'

Note the way to address and greet people: **Madame** is used when addressing married women and also older women when their status is not known; **Mademoiselle** is used when addressing a young woman or an unmarried woman. All three are used without a following name much more frequently than their English equivalents, and their use

1

implies no inferiority on the part of the speaker. A greeting is generally accompanied by a handshake.

Abbreviations: Monsieur = M. Madame = Mme Mademoiselle = Mlle

. . . HOW WE SAY THEM . . .

As in the case of English, it is difficult to give general rules for the pronunciation of French based on spelling. It is best to listen carefully and then to repeat as accurately and as often as possible, preferably before looking at the way a word or sentence is written. (When repeating, it is important always to try and reproduce the melody and cadence with which the words are spoken.)
Vowel sounds are pronounced very clearly and never slurred. Each vowel sound is frequently spelt with more than one letter:

je voudrais **vous voulez** **un** **dans** **voilà**

When **e** carries no written accent, it is often not pronounced, especially when it comes at the end of a word:

le disque **le téléphone** **le peigne**

Note that **monsieur** is pronounced as if it were spelt **mesieur**.

. . . HOW WE USE THEM . . .

je voudrais	un	maillot.	
		pull-over.	
	le	disque.	
		livre.	**je voudrais** I'd like (to have), I want. Note this way of asking for something or to do something.
	parler à	Monsieur Lambert.	
		Madame Muche.	
	regarder	le journal.	
		le guide.	

Il est sur le bureau. Il est sur le bureau ?	It's on the desk. Is it on the desk ?
Vous voulez regarder le journal ? Vous allez en vacances ? Vous voulez un taxi ?	Questions are often asked by putting the query in the voice, without changing the order of the words.

Où est	le peigne ?	
	le guide ?	
Il est	sur le lit.	Note the way of asking where something is.
	sous le bureau.	
	dans le sac.	

Vous voulez le disque ? Oui, merci. Vous voulez le livre ? Non, merci.	Note that **merci** is used after **non** as well as after **oui**.

Le pyjama ? Il est là, dans le sac.
Le livre ? Il est là, sous le bureau.

Note that **là** can mean both 'here' and 'there'.

Voilà un journal !
Vous voulez le journal ? Voilà !

voilà here/there is
voilà here/there it is
Note these two uses of **voilà.**

. . . AND NOW SOME PRACTICE !

●

Vous voulez le sac ?

Oui, je voudrais le sac.

Vous voulez le sac ?	Oui, je voudrais le sac.
Vous voulez le maillot ?	Oui, je voudrais le maillot.
Vous voulez le pull-over ?	Oui, je voudrais le pull-over.
Vous voulez le guide ?	Oui, je voudrais le guide.
Vous voulez le peigne ?	Oui, je voudrais le peigne.
Vous voulez le journal ?	Oui, je voudrais le journal.
Vous voulez le livre ?	Oui, je voudrais le livre.
Vous voulez le disque ?	Oui, je voudrais le disque.
Voilà le disque !	

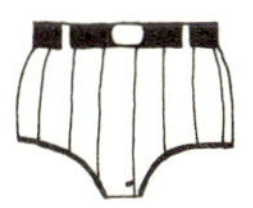

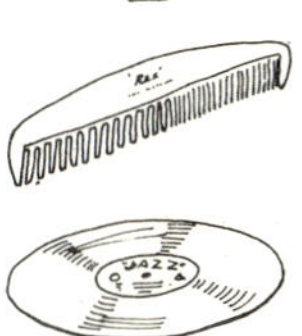

●

Je voudrais un maillot.
Voilà, Monsieur !
Je voudrais un guide.
Voilà, Madame !

Je voudrais un maillot.	Voilà, Monsieur !
Je voudrais un guide.	Voilà, Madame !
Je voudrais un peigne.	Voilà, Monsieur !
Je voudrais un sac.	Voilà, Madame !
Je voudrais un pull-over.	Voilà, Monsieur !
Je voudrais un disque.	Voilà, Madame !
Je voudrais un pantalon.	Voilà, Monsieur !
Je voudrais un taxi.	Voilà, Madame !
Merci, Monsieur !	

Vous voulez le journal ?
Oui, merci !
Et le livre ?
Non, merci !

Vous voulez le journal ?	Oui, merci !
Et le livre ?	Non, merci !
Vous voulez le disque ?	Oui, merci !
Et le guide ?	Non, merci !
Vous voulez le livre ?	Oui, merci !
Et le journal ?	Non, merci !
Vous voulez le guide ?	Oui, merci !
Et le disque ?	Non, merci !
Bon !	

1

Je voudrais un maillot.

Je voudrais un maillot.
Je voudrais un peigne.
Je voudrais un sac.
Je voudrais un pantalon.
Je voudrais un pull-over.
Je voudrais un pyjama.
Je voudrais un journal.
Je voudrais un guide.
Merci!

Vous voulez un maillot? Voilà!

Vous voulez un maillot? Voilà!
Vous voulez un peigne? Voilà!
Vous voulez un sac? Voilà!
Vous voulez un pantalon? Voilà!
Vous voulez un pull-over? Voilà!
Vous voulez un pyjama? Voilà!
Vous voulez un journal? Voilà!
Vous voulez un guide? Voilà!

●

Où est le journal?
Où est le sac?

Où est le journal?
Où est le sac?
Où est le maillot?
Où est le livre?
Où est le peigne?
Où est le disque?
Où est le téléphone?
Où est le guide?
Ah oui! Il est là!

Il est sur le bureau.
Il est sous le bureau.

Il est sur le bureau.
Il est sous le bureau.
Il est sur le bureau.
Il est sous le bureau.
Il est sur le bureau.
Il est sous le bureau.
Il est sur le bureau.
Il est sous le bureau.

Vous voulez parler à M. Lambert?
Vous voulez poser le sac?
Vous voulez regarder le guide?

Vous voulez parler à M. Lambert?
Vous voulez poser le sac?
Vous voulez regarder le guide?
Vous voulez parler à Mme Muche?
Vous voulez poser le disque?
Vous voulez regarder le livre?
Vous voulez parler à Mlle Dupré?
Vous voulez regarder le journal?
Il est là, sur le bureau.

Oui, je voudrais parler à M. Lambert.
Oui, je voudrais poser le sac.
Oui, je voudrais regarder le guide.

Oui, je voudrais parler à M. Lambert.
Oui, je voudrais poser le sac.
Oui, je voudrais regarder le guide.
Oui, je voudrais parler à Mme Muche.
Oui, je voudrais poser le disque.
Oui, je voudrais regarder le livre.
Oui, je voudrais parler à Mlle Dupré.
Oui, je voudrais regarder le journal.

NOW YOU KNOW . . .

. . . how to greet people
. . . how to ask for things

AU REVOIR! ET TRAVAILLEZ BIEN!

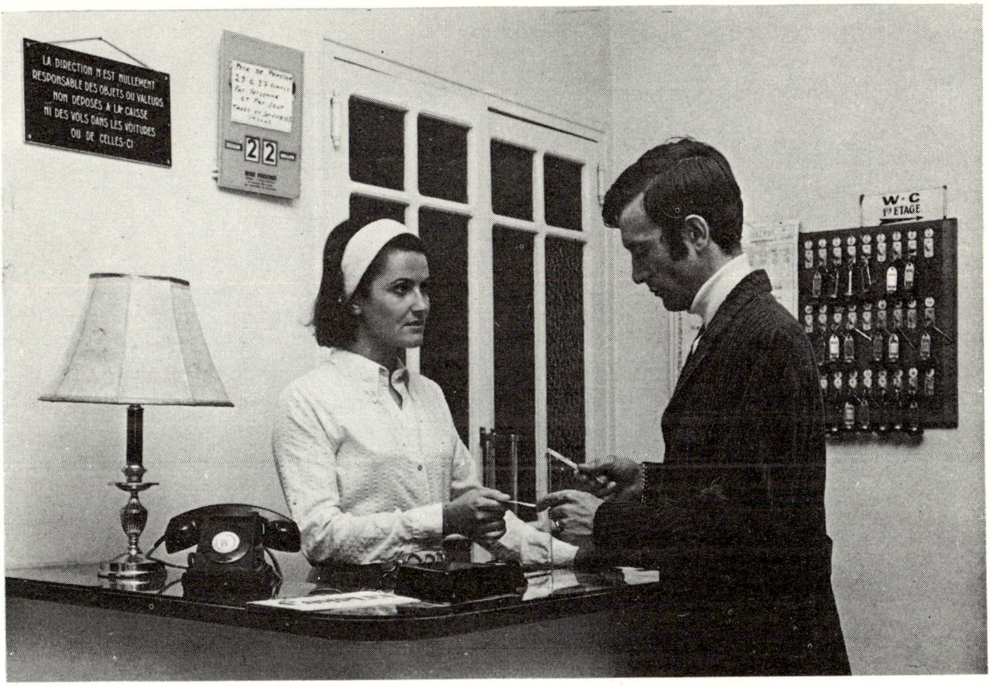

2 Vous voulez une chambre?

(In the small southern town of Montmirail, Guy Lambert checks in at a family-owned hotel. Monique, the daughter, is the receptionist. She receives a phone call from a certain M. Vautrin, who wants to book a room.)

M. Mauget — La clef . . . Où est la clef ? (calls chambermaid) Henriette !
Henriette — Oui, Monsieur . . .
M. Mauget — La clef.
Henriette — (produces wrong key) Voilà, Monsieur !
M. Mauget — Mais non, Henriette !
Henriette — Oh, pardon, Monsieur !
(Guy Lambert arrives)
Guy — Bonjour, Monsieur.
M. Mauget — Bonjour, Monsieur. Vous voulez une chambre, Monsieur ?
Guy — Oui, je voudrais une chambre.

M. Mauget — (calls) Monique . . . !
Monique — Oui, Papa. (sees Guy) Monsieur . . .
Guy — Bonjour, Mademoiselle. Je voudrais une chambre – Guy Lambert.
Monique — (remembers booking) Ah, Monsieur Lambert ! Mais oui, une chambre pour un mois.  
Guy — Oui, pour un mois.
M. Mauget — Vous pouvez poser la valise . . . et le sac.
Monique — Vous êtes en vacances ?
Guy — Oui.
Monique — Une chambre avec salle de bains ou sans salle de bains ?
Guy — Sans salle de bains . . . Mais avec douche.
Monique — (finds his letter) Ah, oui ! Avec douche . . . Alors, la chambre

numéro trois: la chambre numéro trois est avec douche.

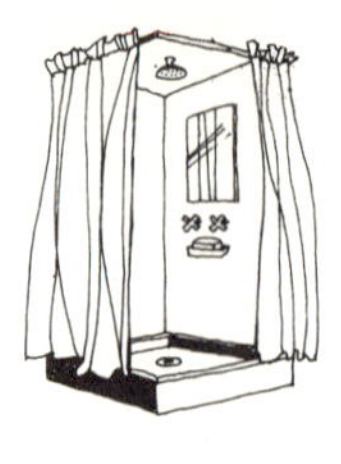

Guy Parfait!

Monique Alors, voilà la fiche. Vous voulez signer? Et la date . . .

Guy Ah . . . le journal. (Looks for date) Je peux regarder le journal, Mademoiselle?

Monique Oui, vous pouvez regarder le journal.

Guy (reads headline) 'LE MYSTÈRE DE MONTMIRAIL'. Hum . . . Montmirail?

Monique Oui . . . ! Henriette! La valise de Monsieur Lambert . . .

Guy (picks up case) Merci! Ça va . . .

Henriette Je peux porter la valise . . .

Guy Non, mais vous pouvez porter le sac, si vous voulez.

Monique Henriette, vous voulez la clef?

Henriette Ah oui, Mademoiselle Monique!

Guy A propos, je peux manger ici?

Monique Oui, si vous voulez.

Guy Parfait! Où est la salle à manger?

Monique La salle à manger . . . ? (points to dining-room) Elle est là.

Guy Parfait! Je peux monter? (Guy and Henriette start climbing stairs)

Monique (calling after Guy) Oui! Mais vous pouvez manger tout de suite, si vous voulez.

Guy Très bien, merci!

Henriette (confidentially) Mademoiselle Monique est la fille de Monsieur Mauget . . . (an old lady passes) Voilà la mère de Monsieur Mauget . . . Ah, mais la clef . . . ! Où est la clef?

Guy (points to Henriette's pocket) Elle est là . . .

Henriette Oh! Merci. (they go in)

Guy Vous pouvez poser le sac là.

Henriette Sous la fenêtre?

Guy Oui. (looking around) Où est la douche?

Henriette Elle est là. Et voilà une serviette.

Guy Parfait!

Henriette (trying to please) Et . . . voilà le lit . . . le placard . . . Et vous pouvez téléphoner là.

Guy Très bien.

Henriette Au revoir, Monsieur.

Guy Au revoir, Mademoiselle.

Henriette (hoping for tip) Je peux poser la valise là . . . si vous voulez . . .

Guy Bon, merci. (gives her one franc) Je peux garder la clef?

Henriette Oui, Monsieur. Vous pouvez garder la clef.

(At reception)

M. Mauget (answering telephone) Oui . . . ? Vous voulez réserver une chambre?

Vautrin (on phone) Oui, pour une semaine. Avec salle de bains . . .

M. Mauget Une minute, s'il vous plaît. (calls) Monique!

Monique (takes phone) Oui . . . ? Vous voulez une chambre?

Vautrin Oui . . . pour une semaine.

Monique Avec salle de bains ou sans salle de bains?

Vautrin Avec salle de bains.

Monique	La chambre numéro deux est avec salle de bains.
Vautrin	Parfait!
Monique	Au revoir, Monsieur . . . Monsieur . . . ?
Vautrin	Vautrin. Monsieur Vautrin.
M. Mauget	Alors, ça va, Monique?
Monique	(uncertain) Oui, Papa . . . Ça va . . .
M. Mauget	Bon!

WORDS AND EXPRESSIONS . . .

la chambre room
la clef key
la date date
la douche shower
la fenêtre window
la fiche (hotel registration) form
la fille daughter
la mère mother
la minute minute

elle it
la the

vous êtes you are
garder to keep
manger to eat
monter to go up
je peux I can/may

avec with
ici here
mais but
ou or
pour for
sans without
si if
tout de suite straightaway

le mois month
le numéro number
(le) papa daddy
le placard (built-in) cupboard
la salle à manger dining-room
la salle de bains bathroom
la semaine week
la serviette towel
la valise suitcase

une a, an

porter to carry
vous pouvez you can/may
réserver to reserve
signer to sign
téléphoner to telephone

un, une one
deux two
trois three
quatre four
cinq five
six six

à propos by the way
ça va? is it/everything all right?
ça va! that's/everything's all right!
mais oui! yes, of course!
mais non! of course not!
pardon! I'm sorry!
parfait! that's fine!
très bien! very well!/that's fine!

. . . COMMENTS . . .

Travellers in France are required by the police to fill in and sign a form **(la fiche)** when taking up a room in a hotel. The details required are: name, date and place of birth, occupation, home address, nationality, and, in the case of foreigners, the number of their passport or travelling document.

FICHE DE VOYAGEUR | HÔTEL DE MONTMIRAIL
Ch. Nº 3 | Montmirail–Vaucluse

NOM : LAMBERT
Name in Capital letters (écrire en majuscules)
Name bitte schreiben im letter
Nom de jeune fille : —
Maiden Name
Madchenname
Prénoms : GUY
Christian Names
Vornamen
Né le : 3. 4. 1942 à PARIS
Date of birth
Geburtsdatum und Geburtsort
Département (ou pays pour l'étranger) Seine
Country
Bezirk oder Land
Profession : Detective
Occupation
Beruf
Domicile habituel : 11 rue Montmartre
Home address
Wohnsitz
Paris IX
NATIONALITÉ Française
Nationality
Nationalitat
T. S. V. P.

2

. . . HOW WE SAY THEM . . .

Consonants at the end of words are often not pronounced:

la cle~~f~~ je voudrai~~s~~ vous voule~~z~~ je peu~~x~~ parfai~~t~~!
no~~n~~ pardo~~n~~! elle es~~t~~ Lamber~~t~~

But sometimes they are pronounced:

avec le sac le journal

Compare:

monsieu~~r~~	but:	**bonjour**	**pour**
réserve~~r~~	but:	**pull-over**	

. . . HOW WE USE THEM . . .

je voudrais / vous voulez	**un**	**livre. / disque.**
	une	**serviette. / valise.**
je voudrais / vous voulez	**le**	**livre. / disque.**
	la	**serviette. / valise.**

Not all French words are used with **un** or **le** ; many are used with **une** or **la** . Those used with **le** are called masculine nouns; those used with **la** , feminine nouns. There is no practical way of telling which nouns are masculine and which are feminine: the best way of learning is to practise them with **le** or **la** as given in the word lists.

Où est le sac?
Le sac? Il est là!

il 'it' is used for masculine nouns.

Où est la clef?
La clef? Elle est là!

elle 'it' is used for feminine nouns.

Je peux	**monter?**	
	garder	**le journal? / la clef?**
	manger	**là? / tout de suite?**
Oui, vous pouvez	**monter.**	
	garder	**le journal. / la clef.**
	manger	**là. / tout de suite.**

Note the way to ask whether one can do something, and the answers.

Je peux manger ici?
Oui, si vous voulez.
Parfait! Où est la salle à manger?
La salle à manger? Elle est là.

là can mean both 'here' and 'there' (see page 9), but when it is required to distinguish between the two, then **ici** = 'here' and **là** = 'there'.

Vous voulez réserver une chambre?
Oui, pour une semaine.
Oui, pour un mois.

Note that **un** and **une** are the equivalents of 'one' as well as of 'a', 'an'.

. . . AND NOW SOME PRACTICE!

Vous voulez la valise?

La valise? Oui, tout de suite, s'il vous plaît.

Vous voulez la valise?

La valise? Oui, tout de suite, s'il vous plaît.

Vous voulez la fiche?

La fiche? Oui, tout de suite, s'il vous plaît.

Vous voulez la chambre?

La chambre? Oui, tout de suite, s'il vous plaît.

Vous voulez la clef?

La clef? Oui, tout de suite, s'il vous plaît.

Vous voulez la date?

La date? Oui, tout de suite, s'il vous plaît.

Vous voulez la serviette?

La serviette? Oui, tout de suite, s'il vous plaît.

Vous voulez la valise?

La valise? Oui, tout de suite, s'il vous plaît.

Vous voulez la clef?

La clef? Oui, tout de suite, s'il vous plaît.

Très bien!

Où est la fiche?

La fiche? Elle est là!

Où est le journal?

Le journal? Il est là!

Où est la fiche?

La fiche? Elle est là!

Où est le journal?

Le journal? Il est là!

Où est la fenêtre?

La fenêtre? Elle est là!

Où est le placard?

Le placard? Il est là!

Où est la chambre?

La chambre? Elle est là!

Où est le disque?

Le disque? Il est là!

Où est la valise?

La valise? Elle est là!

Où est le téléphone?

Le téléphone? Il est là!

Ah oui! Il est là!

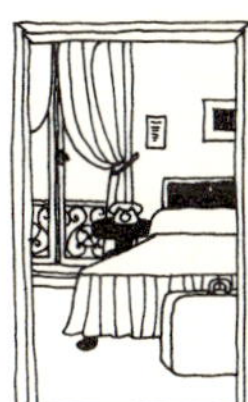

●

Alors, où est le taxi?

Ah, vous voulez un taxi?

Alors, où est la fiche?

Ah, vous voulez une fiche?

Alors, où est le taxi?

Ah, vous voulez un taxi?

Alors, où est la fiche?

Ah, vous voulez une fiche?

Alors, où est le journal?

Ah, vous voulez un journal?

Alors, où est la douche?

Ah, vous voulez une douche?

Alors, où est le peigne?

Ah, vous voulez un peigne?

Alors, où est la serviette?

Ah, vous voulez une serviette?

Alors, où est le sac?

Ah, vous voulez un sac?

Alors, où est la chambre?

Ah, vous voulez une chambre?

Oui, s'il vous plaît.

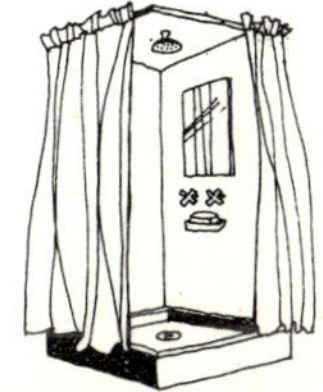

2

Oui ! Je peux garder la clef ?

Oui ! Je peux garder la clef ?
Oui ! Je peux signer la fiche ?
Oui ! Je peux manger là ?
Oui ! Je peux regarder le livre ?
Oui ! Je peux garder la serviette ?
Oui ! Je peux signer tout de suite ?
Oui ! Je peux manger ici ?
Oui ! Je peux regarder la date ?

Vous voulez garder la clef ?

Vous voulez garder la clef ?
Vous voulez signer la fiche ?
Vous voulez manger là ?
Vous voulez regarder le livre ?
Vous voulez garder la serviette ?
Vous voulez signer tout de suite ?
Vous voulez manger ici ?
Vous voulez regarder la date ?
Mais oui ! Voilà le journal !

●
Oui, vous pouvez monter ici.
Non; mais vous pouvez manger là.

Oui, vous pouvez monter ici.
Non; mais vous pouvez manger là.
Oui, vous pouvez parler ici.
Non; mais vous pouvez téléphoner là.
Oui, vous pouvez manger ici.
Non; mais vous pouvez monter là.
Oui, vous pouvez téléphoner ici.
Non; mais vous pouvez parler là.

Je peux monter ici ?
Je peux manger ici ?

Je peux monter ici ?
Je peux manger ici ?
Je peux parler ici ?
Je peux téléphoner ici ?
Je peux manger ici ?
Je peux monter ici ?
Je peux téléphoner ici ?
Je peux parler ici ?
Parfait !

●
Oui, je voudrais réserver une chambre.

Oui, je voudrais réserver une chambre.
Oui, je voudrais signer la fiche.
Oui, je voudrais poser la valise.
Oui, je voudrais parler à M. Mauget.
Oui, je voudrais regarder le guide.
Oui, je voudrais téléphoner à M. Lambert.
Oui, je voudrais garder le journal.
Oui, je voudrais parler à Mme Mauget.

Vous voulez réserver une chambre ?

Vous voulez réserver une chambre ?
Vous voulez signer la fiche ?
Vous voulez poser la valise ?
Vous voulez parler à M. Mauget ?
Vous voulez regarder le guide ?
Vous voulez téléphoner à M. Lambert ?
Vous voulez garder le journal ?
Vous voulez parler à Mme Mauget ?
Une minute, s'il vous plaît.

NOW YOU KNOW . . .

. . . how to ask whether you can do something
. . . how to book a room in a hotel

AU REVOIR ! ET TRAVAILLEZ BIEN !

3 Vous aimez le mystère?

(Guy is having lunch in the hotel dining-room)

Guy Garçon, je voudrais une bière . . . (points) Comme ça.

Le Garçon Blen, Monsieur; une bière (notices things left on table). Oh . . . le plat . . . ! Et la cuillère . . . Pardon, Monsieur.

Monique Bonjour, Monsieur Lambert.

Guy Bonjour, Mademoiselle.

Monique (sees newspaper) Vous permettez?

Guy Je vous en prie.

Monique (reads aloud) 'Le mystère du plat en or'.

Guy Oui . . . c'est un plat en or . . . ! Et voilà la photo du plat.

Monique Et voilà la photo du curé.

Guy Ah, c'est le curé de Montmirail? Tiens . . . !

Le Garçon (brings drink) Voilà, Monsieur.

Monique Vous aimez la bière?

Guy Oui, j'aime beaucoup la bière. Vous aimez la bière, Mademoiselle?

Monique Non, je n'aime pas la bière; j'aime le vin.

Guy Ah, mais . . . j'aime aussi le vin!

Monique (sees someone at reception) Oh, pardon.

Guy Je vous en prie, Mademoiselle . . . (gives her newspaper) Et le journal!

Monique Merci. (she goes)
(to herself) Je voudrais trouver le voleur.

3

(At reception)

Vautrin Bonjour, Madame.
Monique Mademoiselle . . .
Vautrin Pardon! 'Mademoiselle'.
Monique Je vous en prie.
Vautrin Je voudrais une chambre. Vautrin.
Monique Ah, oui! Vous êtes Monsieur Vautrin.
Vautrin Oui.
Monique Et vous voulez une chambre pour une semaine.
Vautrin C'est ça. Je voudrais une chambre avec salle de bains, s'il vous plaît.
Monique Alors, la chambre numéro dix.

(In dining-room)

Le Garçon Alors, ça va, Monsieur?
Guy Oui, merci; ça va.
Le Garçon Alors, vous êtes en vacances?
Guy Oui.
Le Garçon Vous ne voulez pas une glace, Monsieur?
Guy Non, merci.
Le Garçon Un café, alors?
Guy Oui, un café crème, s'il vous plaît.
Le Garçon Voilà, Monsieur.

(At reception, Vautrin is filling in his registration form)

Monique Et la date, s'il vous plaît.
Vautrin Oh, pardon! Voilà.
Monique Vous êtes professeur?
Vautrin Oui . . .
Monique Vous êtes en vacances?
Vautrin Oui . . . et non . . . (picks up newspaper) Vous permettez? Ah! Le mystère de Montmirail. C'est un crime?
Monique Non, ce n'est pas un crime. C'est un vol.
Vautrin Ah, un vol. Quel dommage! J'aime le mystère . . .
Guy (approaching reception) Voilà la clef de la chambre numéro trois, sur le bureau. Ça va?
Monique Oui, merci.
Guy Je voudrais visiter Montmirail. (turns to go)
Monique Bon, amusez-vous bien! (to Vautrin) Vous voulez monter?
Vautrin (deciding to follow Guy) Oui . . . heu . . . non. Je voudrais aussi visiter Montmirail.
Monique Si vous voulez.
Vautrin Je peux laisser la valise là ?
Monique Oui, Monsieur.
Vautrin (hands over key) Voilà la clef de la chambre.

(In café)

Le Garçon Bonjour, Monsieur.
Guy Bonjour!
Le Garçon (offering table) Là?
Guy Oui, merci.
Le Garçon Vous désirez?
Guy Je voudrais un café, s'il vous plaît . . . un café crème.

3

Le Garçon	(shouting order) **Un crème! Où est la serveuse . . . ? Ah . . . elle est là. Mademoiselle, un crème!**
Guy	**Je voudrais un journal . . .**
Le Garçon	**Là, sur la table.**
Vautrin	(arrives, sees empty seat at Guy's table) **Vous permettez?**
Guy	**Je vous en prie.**
Le Garçon	**Vous désirez?**
Vautrin	**Une bière.**
Guy	(glancing at newspaper) **Un mystère . . . Vous aimez le mystère?**
Vautrin	(as waiter brings drinks) **Ah! Une bière.** (to Guy) **Alors . . . et le mystère?**
Guy	**C'est un vol . . . un plat en or.**
Vautrin	**En or? Tiens . . .**
Guy	(points to photograph) **Le curé . . . Voilà le curé.** (wishing to pay) **Garçon, s'il vous plaît!**
Vautrin	(as Guy pays) **Mais, Monsieur . . .**
Guy	**Je vous en prie.** (to waiter) **Le service est compris?**
Le Garçon	**Non, Monsieur, le service n'est pas compris.** (Guy leaves tip) **Merci, Monsieur.**
Vautrin	(to Guy) **Merci, Monsieur. Monsieur . . . ?**
Guy	**Lambert.**
Vautrin	(thoughtfully) **Monsieur Lambert. Tiens . . .**

WORDS AND EXPRESSIONS . . .

la bière	beer
le café	coffee/café
le (café) crème	white coffee
le crime	crime/murder
la cuillère	spoon
le curé	(parish) priest
le garçon	waiter
la glace	ice-cream
la photo	photo
le plat	dish
le professeur	teacher
la serveuse	waitress
la table	table
le vin	wine
le vol	theft
le voleur	thief
du	of the
j'	I
j'aime	I like
vous aimez	you like
laisser	to leave
trouver	to find
visiter	to visit/to sight-see
aussi	also/too
beaucoup	very much/a lot
bien	well/very well
ne/n' . . . pas **pas**	not (see page 20)
sept	seven
huit	eight
neuf	nine
dix	ten
ah, mais . . . !	yes, but . . . !
c'est	it is/it's
ce n'est pas	it isn't
c'est ça	that's it
comme ça	like this/that
j'aime le mystère	I like mysteries
je vous en prie!	please do!/that's all right!

3

le service est compris	the service is included
quel dommage!	what a shame!
tiens!	well, well!
un plat en or	a gold dish
vous désirez?	what would you like to have?/what can I do for you?
vous permettez?	may I?
vous êtes professeur?	are you a teacher?

. . . COMMENTS . . .

A French **café** serves not only soft drinks (hot and cold), but also wines, beers and spirits at all times of the day; these may be taken at a bar counter or at indoor or outdoor tables, though prices at the bar tend to be lower. **Café** is also the word for coffee and is commonly used for black coffee. A white coffee is **un café crème** or simply **un crème.**

Mademoiselle is the word used to address or call a waitress; in the case of a waiter, on the other hand, both **Monsieur** or **garçon** are used, though **Monsieur** is often preferred.

Professeur is a general word used for all teachers above primary school level; it does not distinguish between secondary school teachers, university lecturers or professors.

. . . HOW WE SAY THEM . . .

An **e** that carries no written accent **(é, è or ê)** is sometimes pronounced rather like the neutral sound of 'a' in 'above'.

le sac **le lit** **une̸ fenêtre** **une̸ semaine̸**

Just as it is not pronounced at the end of a word, this **e** is also often not pronounced in the middle of a word or phrase:

made̸moiselle̸ **tout de̸ suite̸**

It is difficult to give practical rules at this stage. The best thing is to listen carefully and to repeat as many phrases as frequently as possible.

. . . HOW WE USE THEM . . .

Vous voulez / ne voulez pas une glace? **La clef est / n'est pas sur le bureau.**	**ne . . . pas** is the equivalent of English 'not': the verb is placed between **ne** and **pas.** Before **est** and other verbs beginning with a vowel, **ne** changes to **n'**.
Vous voulez manger tout de suite? **Non, merci. Pas tout de suite.**	Note that **pas** is used on its own with words other than verbs.

3

C'est Guy Lambert. C'est une chambre avec douche. Ce n'est pas M. Vautrin. Ce n'est pas un café crème.	**C'est** and **ce n'est pas** are used in much the same way as English 'it's' and 'it isn't'.
Voilà le curé / le café de Montmirail. Voilà la photo / la valise de Guy. Voilà la clef de la chambre. / la valise. Voilà le numéro de téléphone.	Note these uses of **de**
C'est la mère de Monique? Oui, c'est la photo de la mère de Monique. C'est le curé de Montmirail? Oui, c'est la photo du curé de Montmirail.	Note that **de** and **le** combine to form **du**.
Alors, vous aimez Montmirail? Oh, oui! J'aime beaucoup Montmirail.	Note the place of **beaucoup.** Note too, that **je** changes to **j'** before a verb beginning with a vowel.
J'aime le café. J'aime la bière. J'aime le vin.	Note that **le** or **la** (as appropriate) is required where English would leave its equivalent out : I like coffee/beer/wine.

. . . AND NOW SOME PRACTICE !

●

	Vous désirez?
Une table pour trois, s'il vous plaît.	Vous désirez?
Une table pour quatre, s'il vous plaît.	
	Vous désirez?
Une table pour trois, s'il vous plaît.	Vous désirez?
Une table pour quatre, s'il vous plaît.	Vous désirez?
Une table pour cinq, s'il vous plaît.	Vous désirez?
Une table pour six, s'il vous plaît.	Vous désirez?
Une table pour sept, s'il vous plaît.	Vous désirez?
Une table pour huit, s'il vous plaît.	Vous désirez?
Une table pour neuf, s'il vous plaît.	Vous désirez?
Une table pour dix, s'il vous plaît.	Tout de suite, Monsieur!

	Je peux monter?
Oui, vous pouvez monter.	Je ne peux pas manger?
Non, vous ne pouvez pas manger.	
	Je peux monter?
Oui, vous pouvez monter.	Je ne peux pas manger?
Non, vous ne pouvez pas manger.	Je peux regarder?
Oui, vous pouvez regarder.	Je ne peux pas téléphoner?
Non, vous ne pouvez pas téléphoner.	Je peux manger?
Oui, vous pouvez manger.	Je ne peux pas monter?
Non, vous ne pouvez pas monter.	Je peux téléphoner?
Oui, vous pouvez téléphoner.	Je ne peux pas regarder?
Non, vous ne pouvez pas regarder.	Oh, pardon!

3

Mais oui, c'est la clef de la valise!
Mais oui, c'est la photo du curé!

Mais oui, c'est la clef de la valise!
Mais oui, c'est la photo du curé!
Mais oui, c'est le numéro de la chambre!
Mais oui, c'est le café de Monique!
Mais oui, c'est la clef du placard!
Mais oui, c'est la photo de la mère!
Mais oui, c'est le numéro du taxi!
Mais oui, c'est le café du professeur!

C'est la clef de la valise?
C'est la photo du curé?

C'est la clef de la valise?
C'est la photo du curé?
C'est le numéro de la chambre?
C'est le café de Monique?
C'est la clef du placard?
C'est la photo de la mère?
C'est le numéro du taxi?
C'est le café du professeur?
Mais c'est un café crème!

●

Non, non. Ce n'est pas la douche!
Non, non. Ce n'est pas le garçon!

Non, non. Ce n'est pas la douche!
Non, non. Ce n'est pas le garçon!
Non, non. Ce n'est pas la fiche!
Non, non. Ce n'est pas le professeur!
Non, non. Ce n'est pas M. Foucher!
Non, non. Ce n'est pas Mme Muche!
Non, non. Ce n'est pas Guy!
Non, non. Ce n'est pas Monique!

Voilà la douche!
Voilà le garçon!

Voilà la douche!
Voilà le garçon!
Voilà la fiche!
Voilà le professeur!
Voilà M. Foucher!
Voilà Mme Muche!
Voilà Guy!
Voilà Monique!
Quel dommage!

Oui, oui! C'est la photo de Monique!
Oui, oui! C'est la photo de la serveuse!

Oui, oui! C'est la photo de Monique!
Oui, oui! C'est la photo de la serveuse!
Oui, oui! C'est la photo de Mme Mauget!
Oui, oui! C'est la photo de la chambre!
Oui, oui! C'est la photo de Marise!
Oui, oui! C'est la photo de la salle à manger!
Oui, oui! C'est la photo de Mme Muche!
Oui, oui! C'est la photo de la valise!

Tiens! C'est Monique?
Tiens! C'est la serveuse?

Tiens! C'est Monique?
Tiens! C'est la serveuse?
Tiens! C'est Mme Mauget?
Tiens! C'est la chambre?
Tiens! C'est Marise?
Tiens! C'est la salle à manger?
Tiens! C'est Mme Muche?
Tiens! C'est la valise?
La valise de M. Vautrin?

3

●
J'aime beaucoup le café. Et vous?

Vous aimez le café?

J'aime beaucoup le café. Et vous?
J'aime beaucoup le vin. Et vous?
J'aime beaucoup le café crème. Et vous?
J'aime beaucoup la bière. Et vous?
J'aime beaucoup la photo. Et vous?
J'aime beaucoup le disque. Et vous?
J'aime beaucoup la chambre. Et vous?
J'aime beaucoup le mystère. Et vous?

Vous aimez le café?
Vous aimez le vin?
Vous aimez le café crème?
Vous aimez la bière?
Vous aimez la photo?
Vous aimez le disque?
Vous aimez la chambre?
Vous aimez le mystère?
Ah! Le mystère!

Le journal? Non, merci. Pas tout de suite.

Vous voulez le journal?

Le journal? Non, merci. Pas tout de suite.
Une bière? Non, merci. Pas tout de suite.
La valise? Non, merci. Pas tout de suite.
Un taxi? Non, merci. Pas tout de suite.
Le téléphone? Non, merci. Pas tout de suite.
Une glace? Non, merci. Pas tout de suite.
La clef? Non, merci. Pas tout de suite.
Un café? Non, merci. Pas tout de suite.

Vous voulez le journal?
Vous voulez une bière?
Vous voulez la valise?
Vous voulez un taxi?
Vous voulez le téléphone?
Vous voulez une glace?
Vous voulez la clef?
Vous voulez un café?
Très bien!

●
Tiens, c'est la valise de Guy?
Tiens, c'est la valise du patron?

Guy est là.
Le patron est là.

Tiens, c'est la valise de Guy?
Tiens, c'est la valise du patron?
Tiens, c'est la valise de M. Vautrin?
Tiens, c'est la valise du curé?
Tiens, c'est la valise de Jules?
Tiens, c'est la valise du garçon?
Tiens, c'est la valise de M. Foucher?
Tiens, c'est la valise du professeur?

Guy est là.
Le patron est là.
M. Vautrin est là.
Le curé est là.
Jules est là.
Le garçon est là.
M. Foucher est là.
Le professeur est là.
Oui, c'est la valise de M. Vautrin.

NOW YOU KNOW . . .

. . . how to say you like something
. . . how to ask if something is what you think it is
. . . how to ask for wine, beer or coffee

AU REVOIR! ET TRAVAILLEZ BIEN!

4 C'est un miracle!

(Guy decides to explore the town and start his investigations)

Guy (looking round the square) **Place du musée . . .** (to policeman) **Pardon, Monsieur l'agent. Où est l'église, s'il vous plaît?**

L'Agent **L'église? Elle est par là.**

Guy **Par là?**

L'Agent **C'est bien simple: voilà le plan de la ville.**

Guy (points to map) **Ah, voilà l'hôtel de Montmirail.**

L'Agent **Le musée . . . Vous êtes là, devant le musée. Et regardez . . . voilà l'église. Elle est tout près.**

Guy **Ah, bon.**

L'Agent **Vous voyez, c'est bien simple. Vous tournez là à droite, devant le musée . . .**

Guy **Je tourne à droite, devant le musée . . .**

L'Agent **. . . ensuite, vous tournez à gauche . . .**

Guy **Je tourne à gauche . . .**

L'Agent **Vous passez devant l'école . . . voilà l'école.**

Guy **Bon, devant l'école . . .**

L'Agent **Vous passez devant la poste.**

Guy **Bon, devant la poste . . .**

L'Agent **. . . et voilà l'église . . . à droite. Vous voyez . . . elle est tout près!**

Guy **Hum . . . elle n'est pas loin.**

4

L'Agent C'est bien simple . . . elle est sur la place de l'église.
Guy Merci . . . merci, Monsieur l'agent . . .
L'Agent Attention ! L'autobus !
Guy Oh ! C'est l'arrêt de l'autobus !

(At the church door)

Le Guide (gives ticket to tourist) Et voilà, Madame. (shows way) Par ici, Madame. Vous tournez à gauche . . . et vous entrez dans la crypte.
Guy (walks in) Le trésor de l'église ?
Le Guide C'est ici, Monsieur.
Guy Un billet, s'il vous plaît.
Le Guide Voilà, Monsieur.
Guy Merci.
Le Guide Par ici, Monsieur.
Guy Merci.
Le Guide Ah, Monsieur . . . (enthusiastic) C'est un trésor !
Guy Oui. Mais l'affaire du plat en or . . .
Le Guide Ah, Monsieur ! C'est une affaire !
Guy C'est un vol.
Le Guide Ah, Monsieur ! Le plat en or . . . pst ! Disparu !

(Back in the town square)

Monique Le plat en or de l'église . . .
L'Agent Oui . . . C'est un mystère . . .
Monique Je voudrais trouver le voleur . . .
L'Agent Vous voulez aider la police ?
Monique Oui . . . oui et non. Je voudrais trouver le voleur.
L'Agent Attention ! L'autobus !

(At the church door)

Le Guide Monsieur . . . écoutez . . . le voleur n'est pas loin . . .
Guy Ah ?
Le Guide Et je voudrais trouver le voleur . . .
Guy Vous pouvez aider la police, alors ?
Le Guide (changes subject as tourist passes) Vous êtes en vacances ?
Guy Oui.
Le Guide Vous pouvez visiter l'amphithéâtre, si vous voulez – l'amphithéâtre de Montmirail !
Guy Ah . . . l'amphithéâtre est loin ?
Le Guide Non, il est tout près.
Guy A propos, où est Monsieur le curé ?
Le Guide Il est là, dans la crypte. Par ici . . . Tournez à gauche et l'entrée est là.

(In the crypt)

Le Curé (showing church plate) Oui, c'est en or . . . et voilà un plat en argent . . . Oui, en argent. Regardez !

(At the church door)

Monique (to guide) Monsieur Janvier, où est Monsieur le curé ?
Le Guide Il est là, dans la crypte.

4

Monique	Un billet, s'il vous plaît.
Le Guide	Non, Mademoiselle Monique! Je vous en prie!
Monique	Merci, Monsieur Janvier.
Le Guide	Ah, Mademoiselle! Quel dommage! Le plat en or . . . !

(In the crypt)

Le Curé	Ah, Monsieur! Quel dommage! Un plat en or comme ça . . . Disparu!
Guy	Monsieur le curé, vous pouvez aider la police? (sees moving shape) Regardez! Là . . .
Monique	(steps out of shadows) Ah, Monsieur Lambert!
Le Curé	C'est Mademoiselle Monique!
Monique	Bonjour, Monsieur le curé!
Le Curé	Bonjour, Mademoiselle!
Guy	Vous aimez le mystère, Mademoiselle?
Le Curé	Ah, Mademoiselle! Quel dommage!
Monique	Oui.
Le Curé	Un plat en or comme ça . . . Disparu! Disparu! Venez, venez . . . Voilà l'armoire . . . Oh! Mon Dieu! Le plat . . . ! Le plat est là!
Guy	C'est le plat en or?
Monique	Vous aimez le mystère, Monsieur?
Le Curé	Mais . . . mais . . . c'est un miracle! Un miracle!

WORDS AND EXPRESSIONS . . .

m = masculine **f** = feminine

l'affaire f	affair/business
l'agent m	(police) officer
l'amphithéâtre m	amphitheatre
l'armoire f	(free-standing) cupboard
l'arrêt m	(bus) stop
l'autobus m	bus
le billet	ticket
la crypte	crypt
l'école f	school
l'église f	church
l'entrée f	entrance
le guide	guide (person)
l'hôtel m	hotel
le miracle	miracle
le musée	museum
la place	square (of town)
le plan	plan
la police	police
la poste	post-office
le trésor	treasure
la ville	town
l'	the
aider	to help
aimer	to like
entrer	to go/come in
passer	to pass
tourner	to turn
d'abord	first
derrière	behind
devant	in front of
ensuite	then/later/afterwards
loin	far
maintenant	now
près	near
ah bon!	I see!
à droite	to the right/right
à gauche	to the left/left
attention!	careful!

c'est bien simple!	it's quite simple!
c'est un trésor!	it's quite a treasure!
défense de toucher	do not touch
disparu!	gone! (lit.: disappeared!)
en argent	(made of) silver
par ici/là	this/that way
regardez!	look!
tout près	very near
venez!	come!
voilà, Madame!	here/there you are, Madam!
vous voyez	you see

. . . COMMENTS . . .

Bonjour, Monsieur le professeur.
Pardon, Monsieur l'agent. Où est l'église?

Persons who hold certain offices are often addressed by the title of their office when they are acting in their official capacity. Note that a Roman Catholic parish priest is addressed as **Monsieur le curé.**

. . . HOW WE SAY THEM . . .

The **h** of **hôtel** (and of all words beginning with h) is not pronounced.
Note and remember the sound of **é** in:

café **téléphoner** **école** **église** **musée**

An **e** without a written accent sometimes has the same sound:

clef **regarder** **regardez** **vous voulez**

. . . HOW WE USE THEM . . .

Où est l'amphithéâtre? / l'arrêt? Il est tout près.
Où est l'église? / l'école? Elle est tout près.

Vous voulez l'hôtel? Il est là, à gauche.

Both **le** and **la** change to **l'** when used before a noun beginning with a vowel.

Most nouns beginning with **h** are also used with **l'** .

Since **l'** is used with both masculine and feminine nouns, it is not possible to tell whether a noun beginning with a vowel or an h is masculine or feminine. The letters **m** or **f** , as appropriate, have therefore been added to the word lists and glossary.

Voilà le guide du musée. / de l'amphithéâtre. / de la ville. / de l'église.

Note that **de** does not combine with **l'** to form one word: **de l'** is used before both masculine and feminine nouns.

Je voudrais visiter la ville. / garder le journal. / laisser la valise.

visiter to visit
garder to keep
laisser to leave

4

Visiter, garder, laisser and also **manger, poser, aimer,** etc. . . . are verbs. Verbs have several forms, and the form that ends in **-er** is called the infinitive. It is in this form that a verb is listed in word lists and dictionaries.
For verbs that end in **-er** in the infinitive, and when talking about the present or the immediate future,

Je visite la ville.
Je garde le journal.
Je laisse la valise.

–**e** is the ending of the **je** (I) form.

Vous visitez la ville?
Vous gardez le journal?
Vous laissez la valise?

-ez is the ending of the **vous** (you) form.

Vous mangez beaucoup? / tout de suite?

Oui, je mange beaucoup. / tout de suite.

vous mangez you eat, you're eating.

je mange I eat, I'm eating.

Note these two meanings.

. . . AND NOW SOME PRACTICE!

Vous entrez dans l'hôtel?
Vous réservez une chambre?

Je voudrais entrer dans l'hôtel, oui.
Je voudrais réserver une chambre, oui.

Vous entrez dans l'hôtel?
Vous réservez une chambre?
Vous montez dans la chambre?
Vous gardez le journal?
Vous laissez le sac ici?
Vous téléphonez à M. Mauget?
Vous tournez à gauche?
Vous visitez la crypte?
Mais l'entrée est par là!

Je voudrais entrer dans l'hotel, oui.
Je voudrais réserver une chambre, oui.
Je voudrais monter dans la chambre, oui.
Je voudrais garder le journal, oui.
Je voudrais laisser le sac ici, oui.
Je voudrais téléphoner à M. Mauget, oui.
Je voudrais tourner à gauche, oui.
Je voudrais visiter la crypte, oui.

●

A droite, une table . . .
A gauche, une école . . .

La table de la crypte?
L'école de Montmirail?

A droite, une table . . .
A gauche, une école . . .
A droite, une armoire . . .
A gauche, une place . . .
A droite, une clef . . .
A gauche, une église . . .
A droite, une entrée . . .
A gauche, une photo . . .
Oui. Et à droite, le plan.

La table de la crypte?
L'école de Montmirail?
L'armoire de la crypte?
La place de Montmirail?
La clef de la crypte?
L'église de Montmirail?
L'entrée de la crypte?
La photo de Montmirail?

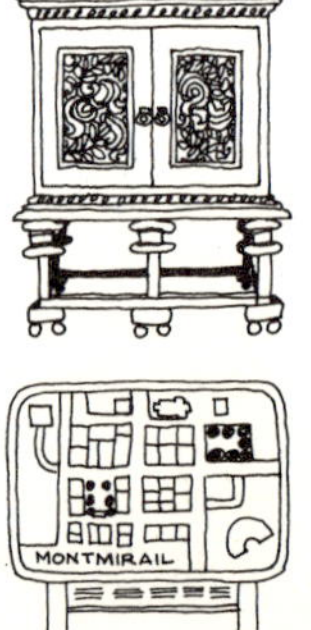

4

Vous ne trouvez pas la clef ?
Vous ne mangez pas beaucoup ?

Je ne trouve pas la clef.
Je ne mange pas beaucoup.

Vous ne trouvez pas la clef ?
Vous ne mangez pas beaucoup ?
Vous n'aimez pas la ville ?
Vous ne montez pas tout de suite ?
Vous ne passez pas par là ?
Vous n'entrez pas dans l'église ?
Vous ne téléphonez pas maintenant ?
Vous ne visitez pas le musée ?

Je ne trouve pas la clef.
Je ne mange pas beaucoup.
Je n'aime pas la ville.
Je ne monte pas tout de suite.
Je ne passe pas par là.
Je n'entre pas dans l'église.
Je ne téléphone pas maintenant.
Je ne visite pas le musée.
Non, je visite l'amphithéâtre.

●

C'est le guide de Montmirail ?
C'est l'amphithéâtre de Montmirail ?

Voilà un guide.
Voilà un amphithéâtre.

C'est le guide de Montmirail ?
C'est l'amphithéâtre de Montmirail ?
C'est le musée de Montmirail ?
C'est l'autobus de Montmirail ?
C'est le journal de Montmirail ?
C'est l'arrêt de Montmirail ?
C'est le plan de Montmirail ?
C'est l'hôtel de Montmirail ?

Voilà un guide.
Voilà un amphithéâtre.
Voilà un musée.
Voilà un autobus.
Voilà un journal.
Voilà un arrêt.
Voilà un plan.
Voilà un hôtel.
Non, c'est l'hôtel de la Poste.

Je tourne à droite. Et ensuite ?
Je trouve la place. Et ensuite ?

Vous tournez à droite.
Vous trouvez la place.

Je tourne à droite. Et ensuite ?
Je trouve la place. Et ensuite ?
Je passe devant l'église. Et ensuite ?
Je tourne à gauche. Et ensuite ?
J'entre dans l'hôtel. Et ensuite ?
Je pose la valise. Et ensuite ?
Je réserve une chambre. Et ensuite ?
Je signe la fiche. Et ensuite ?

Vous tournez à droite.
Vous trouvez la place.
Vous passez devant l'église.
Vous tournez à gauche.
Vous entrez dans l'hôtel.
Vous posez la valise.
Vous réservez une chambre.
Vous signez la fiche.
Ensuite ? Vous entrez dans la chambre !

4

●

Et le guide du musée ?
Et l'entrée de l'amphithéâtre ?

Le musée ? Il est là.
L'amphithéâtre ? Il est là.

Et le guide du musée ?
Et l'entrée de l'amphithéâtre ?
Et le guide de la ville ?
Et l'entrée de l'église ?
Et le guide de l'amphithéâtre ?
Et l'entrée du musée ?
Et le guide de l'église ?
Et l'entrée de la ville ?

Le musée ? Il est là.
L'amphithéâtre ? Il est là.
La ville ? Elle est là.
L'église ? Elle est là.
L'amphithéâtre ? Il est là.
Le musée ? Il est là.
L'église ? Elle est là.
La ville ? Elle est là.
Elle est tout près.

NOW YOU KNOW . . .

. . . how to say you are doing something, and
how to ask someone if he or she is doing something
. . . how to address people who hold certain offices
. . . how to ask your way around a town

AU REVOIR ! ET TRAVAILLEZ BIEN !

5 C'est bizarre...

(Guy and Monique, unobserved, see Vautrin at a general store, examining photos of local tourist attractions.)

Vautrin **Le musée . . . L'église de Montmirail . . . L'église de Beaufort . . . Le château de Montmirail . . .**

La Vendeuse **Vous désirez, Monsieur?**

Vautrin **Je regarde.**

Le Vendeuse **Bien, Monsieur . . .** (moves to far end of store) (to Guy) **Vous désirez, Monsieur?**

Guy **Je regarde, Mademoiselle . . . Je cherche une paire de lunettes . . . une paire de lunettes de soleil.**

La Vendeuse **Ah, oui! Le soleil de Montmirail . . .** (Guy picks up a pair) **Vous pouvez l'essayer.**

Guy **Merci.** (drops glasses) **Je vous en prie, laissez-la.**

La Vendeuse **Alors, ça va?**

Guy **Oui, ça va très bien.**

Monique (wanting to attract attention) **Mademoiselle!**

La Vendeuse (to Guy) **Pardon.** (calling to Monique) **J'arrive!**

Monique **Bonjour, Mademoiselle. C'est un foulard en soie?**

La Vendeuse **Oui, il est en soie. Mais voilà un foulard en nylon, si vous voulez.**

Monique **Ah, je préfère le nylon. Je peux l'essayer?**

La Vendeuse **Mais oui, certainement; je vous en prie . . . essayez-le. La glace est là.**

5

Monique: Ah, merci.

La Vendeuse: Il est très chic, avec une robe comme ça.

Monique: Oui, je le trouve très chic. Il est très bien . . . Je le garde.

La Vendeuse: Parfait! Si vous voulez le garder . . . (moves to till)

Monique: (impulsively) Et je voudrais aussi le foulard en soie.

La Vendeuse: Oui?

Monique: (hesitating) Oh . . .

La Vendeuse: Vous pouvez toujours l'échanger.

Monique: D'accord.

La Vendeuse: Vous ne pouvez pas porter aussi le foulard en soie!

Monique: (laughs) Non! (handing it to assistant) Alors, le voilà!

(Another part of the shop)

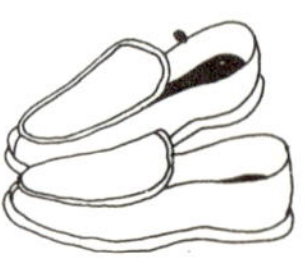

Guy: Ah . . . une paire de chaussures en toile. Parfait! C'est parfait avec un pantalon comme ça.
(to assistant) Je peux l'essayer?

La Vendeuse: Mais oui, certainement; essayez-la.
(Vautrin motions to the assistant)

La Vendeuse: Oui, Monsieur . . . J'arrive!

Vautrin: Voilà une photo de l'église. Je voudrais une photo de la crypte . . .

La Vendeuse: Et la photo de l'église? Vous ne la voulez pas?

Vautrin: Non.

La Vendeuse: Voyons dans le tiroir . . . (she searches) Le musée . . . la poste . . . l'amphithéâtre . . . la crypte. La voilà, Monsieur.

Vautrin: Parfait! Je voudrais aussi acheter une pellicule.

La Vendeuse: Une pellicule en couleur ou en noir et blanc?

Vautrin: En couleur.

La Vendeuse: Ah, c'est l'appareil?

Vautrin: Oui. Je ne peux pas enlever la pellicule!

La Vendeuse: Vous permettez? Voilà . . . je peux la développer, si vous voulez.

Vautrin: Oui, très bien, merci.

La Vendeuse: Et pour la caméra . . . vous voulez un film?

Vautrin: Non, merci; ça va.

La Vendeuse: Bon! (noting in order book) Monsieur?

Vautrin: Vautrin.

La Vendeuse: Adresse?

Vautrin: Hôtel de Montmirail.

La Vendeuse: Ah! Vous êtes en vacances!

Vautrin: Oui.

(He leaves; Monique picks up piece of paper he's dropped and shows it to Guy)

Monique: Regardez . . . (they see a curious list, with drawings) Le musée . . . l'église de M . . . l'église de B . . . le château de M . . . le château de C . . .

Guy: Oui, c'est bizarre . . .

5

WORDS AND EXPRESSIONS . . .

l'adresse f	address	**l'or m**	gold
l'appareil m	(still) camera	**la paire**	pair
l'argent m	silver	**la pellicule**	film (for still camera)
la caméra	cine-camera	**la robe**	dress
le château	château	**la soie**	silk
le film	film (for cine-camera)	**le soleil**	sun
le foulard	head-scarf/square	**le tiroir**	drawer
la glace	mirror	**la toile**	canvas
le nylon	nylon	**la vendeuse**	(female) shop assistant
le	it, him	**l'**	it, him, her
la	it, her		
acheter	to buy	**enlever**	to take out
chercher	to look for	**essayer**	to try (on)
continuer	to carry on	**porter**	to wear
désirer	to wish	**préférer**	to prefer
développer	to develop	**répéter**	to repeat
échanger	to exchange	**travailler**	to work
écouter	to listen		
certainement	certainly, of course	**très**	very
toujours	always		

c'est bizarre!	that's very odd!
c'est (très) chic!	that's (very) chic/smart!
d'accord!	I agree/that's agreed
(une pellicule/un film) en couleur	colour (film)
(une pellicule/un film) en noir et blanc	black and white (film)
(une robe) en soie/nylon	(a) silk/nylon (dress)
il/elle est très bien	it looks very good
j'arrive!	I'm coming!
une paire de chaussures	a pair of shoes
une paire de lunettes (de soleil)	a pair of (sun) glasses
voyons	let's see/let's have a look

. . . COMMENTS . . .

Notice that **(le) film** 

is used only for the film of a cine-camera **(une caméra)**; 

for a still camera **(un appareil)**,

the correct word is **(la) pellicule**.

. . . HOW WE SAY THEM . . .

An **r** before another consonant within the same word is always fully pronounced:

merci **pardon** **parfait** **réserver** **garçon**

Note that the vowel before this **r** is short and crisp.

5

. . . HOW WE USE THEM . . .

Vous cherchez	le numéro ? Guy ?	**Oui, je le cherche.**	**le** = it, him.
Je cherche	l'entrée Monique.	**Vous la cherchez ?**	**la** = it, her.
Vous aimez	le vin ? la bière ?	**Oui, je l'aime beaucoup.**	Note that both **le** and **la** change to **l'** before a verb beginning with a vowel.

Vous aimez le café ?
Non, je ne l'aime pas.
Vous cherchez la photo ?
Non, je ne la cherche pas.

Note the position of **le, la** and **l'** in negative sentences.

Où est	**M. Mauget ?** **le plan ?**	**Le voilà !**	**le voilà** here he / it is
Où est	**Monique ?** **l'église ?**	**La voilà !**	**la voilà** here she / it is

---

To express an invitation, a request or an order, a special form of the verb is used: the imperative. When talking to one or more persons, the ending of the imperative is:

Je peux entrer ? Entrez !
Je peux parler ? Parlez !
Je peux continuer ? Continuez !
Regardez, écoutez et répétez !

–ez for verbs ending in **–er** in the infinitive, like **entrer, parler, continuer,** etc.

The imperative often includes the idea of 'please', but it is usual to add:

Répondez, s'il vous plaît !
Entrez, entrez, je vous en prie !

s'il vous plaît to soften an order or request.
je vous en prie to make an invitation more pressing.

Je peux essayer le foulard ? / la robe ?

Mais oui, essayez-le ! / essayez-la !

Je laisse le sac / la valise ici ?

Oui, laissez-le / laissez-la là !

Note that **le** and **la** are placed after the imperative and are joined to it with a hyphen.

Répéter:	je répète	vous répétez	répétez!
Préférer:	je préfère	vous préférez	préférez!
Ach~~e~~ter:	j'achète	vous ach~~e~~tez	ach~~e~~tez!
Enl~~e~~ver:	j'enlève	vous enl~~e~~vez	enl~~e~~vez!

Note the change in spelling and pronunciation in the **je** form of these two groups of verbs:

Essayer:	j'essaie	vous essayez	essayez!

Note the change in spelling in the **je** form of this verb.

. . . AND NOW SOME PRACTICE!

●	Je voudrais passer.
Passez, je vous en prie	Je voudrais monter.
Montez, je vous en prie!	
	Je voudrais passer.
Passez, je vous en prie!	Je voudrais monter.
Montez, je vous en prie!	Je voudrais entrer.
Entrez, je vous en prie!	Je voudrais travailler.
Travaillez, je vous en prie!	Je voudrais parler.
Parlez, je vous en prie!	Je voudrais répéter.
Répétez, je vous en prie!	Je voudrais essayer.
Essayez, je vous en prie!	Je voudrais continuer.
Continuez, je vous en prie.	Mais vous n'écoutez pas.

	Vous pouvez poser le sac . . .
Je le pose ici?	Vous pouvez essayer le foulard . . .
Je l'essaie ici?	
	Vous pouvez poser le sac . . .
Je le pose ici?	Vous pouvez essayer le foulard . . .
Je l'essaie ici?	Vous pouvez laisser le disque . . .
Je le laisse ici?	Vous pouvez échanger le billet . . .
Je l'échange ici?	Vous pouvez poser l'appareil . . .
Je le pose ici?	Vous pouvez essayer le pull-over . . .
Je l'essaie ici?	Vous pouvez laisser le journal . . .
Je le laisse ici?	Vous pouvez échanger le livre . . .
Je l'échange ici?	Mais certainement, Madame!

	Le plat est en or?
Non, c'est un plat en argent.	La robe est en soie?
Non, c'est une robe en nylon.	
	Le plat est en or?
Non, c'est un plat en argent.	La robe est en soie?
Non, c'est une robe en nylon.	La cuillère est en argent?
Non, c'est une cuillère en or.	Le foulard est en nylon?
Non, c'est un foulard en soie.	La cuillère est en or?
Non, c'est une cuillère en argent.	Le foulard est en soie?
Non, c'est un foulard en nylon.	Le plat est en argent?
Non, c'est un plat en or.	La robe est en nylon?
Non, c'est une robe en soie.	Je préfère une robe en nylon.

5

Le bureau ? Il est là !
L'armoire ? Elle est là !

Mais je ne trouve pas la clef du bureau.
Mais je ne trouve pas la clef de l'armoire.

Le bureau ? Il est là !
L'armoire ? Elle est là !
Le tiroir ? Il est là !
La chambre ? Elle est là !
Le placard ? Il est là !
L'entrée ? Elle est là !
Le sac ? Il est là !
La valise ? Elle est là !
Vous ne la trouvez pas ?

Mais je ne trouve pas la clef du bureau.
Mais je ne trouve pas la clef de l'armoire.
Mais je ne trouve pas la clef du tiroir.
Mais je ne trouve pas la clef de la chambre.
Mais je ne trouve pas la clef du placard.
Mais je ne trouve pas la clef de l'entrée.
Mais je ne trouve pas la clef du sac.
Mais je ne trouve pas la clef de la valise.

Je garde la clef.
J'enlève la pellicule.

Vous la gardez ? Très bien !
Vous l'enlevez ? Très bien !

Je garde la clef.
J'enlève la pellicule.
Je signe la fiche.
J'achète la serviette.
Je garde la photo.
J'enlève la glace.
Je signe la photo.
J'achète la robe.
Et le foulard aussi.

Vous la gardez ? Très bien !
Vous l'enlevez ? Très bien !
Vous la signez ? Très bien !
Vous l'achetez ? Très bien !
Vous la gardez ? Très bien !
Vous l'enlevez ? Très bien !
Vous la signez ? Très bien !
Vous l'achetez ? Très bien !

Je peux monter ?
Je peux entrer ?

Non, ne montez pas maintenant.
Non, n'entrez pas maintenant.

Je peux monter ?
Je peux entrer ?
Je peux parler ?
Je peux écouter ?
Je peux regarder ?
Je peux manger ?
Je peux chercher ?
Je peux téléphoner ?
Bon ! D'accord !

Non, ne montez pas maintenant.
Non, n'entrez pas maintenant.
Non, ne parlez pas maintenant.
Non, n'écoutez pas maintenant.
Non, ne regardez pas maintenant.
Non, ne mangez pas maintenant.
Non, ne cherchez pas maintenant.
Non, ne téléphonez pas maintenant.

Je le pose sur le bureau ?
Je la laisse sous la table ?

Oui, posez-le sur le bureau.
Oui, laissez-la sous la table.

Je le pose sur le bureau ?
Je la laisse sous la table ?
Je le pose dans le placard ?
Je la laisse devant la glace ?
Je le pose derrière le téléphone ?
Je la laisse sur la table ?
Je le pose sous le lit ?
Je la laisse dans l'armoire ?
Le pull-over aussi ?

Oui, posez-le sur le bureau.
Oui, laissez-la sous la table.
Oui, posez-le dans le placard.
Oui, laissez-la devant la glace.
Oui, posez-le derrière le téléphone.
Oui, laissez-la sur la table.
Oui, posez-le sous le lit.
Oui, laissez-la dans l'armoire.

5

	Où est le guide?
Le voilà!	Où est la vendeuse?
La voilà!	
	Où est le guide?
Le voilà!	Où est la vendeuse?
La voilà!	Où est le numéro?
Le voilà!	Où est la douche?
La voilà!	Où est l'arrêt?
Le voilà!	Où est l'entrée?
La voilà!	Où est Guy?
Le voilà!	Où est Monique?
La voilà!	Bonjour, Mademoiselle!

●

	Vous gardez la clef?
Non, je ne la garde pas.	Vous regardez le plan?
Non, je ne le regarde pas.	
	Vous gardez la clef?
Non, je ne la garde pas.	Vous regardez le plan?
Non, je ne le regarde pas.	Vous aimez la bière?
Non, je ne l'aime pas.	Vous achetez le foulard?
Non, je ne l'achète pas.	Vous réservez la chambre?
Non, je ne la réserve pas.	Vous laissez le café?
Non, je ne le laisse pas.	Vous essayez la robe?
Non, je ne l'essaie pas.	Vous écoutez le professeur?
Non, je ne l'écoute pas.	Quel dommage!

NOW YOU KNOW . . .

. . . how to ask people to do things
. . . how to say what something is made of
. . . how to buy a number of things (but not how to pay for them – yet!)

AU REVOIR! ET TRAVAILLEZ BIEN!

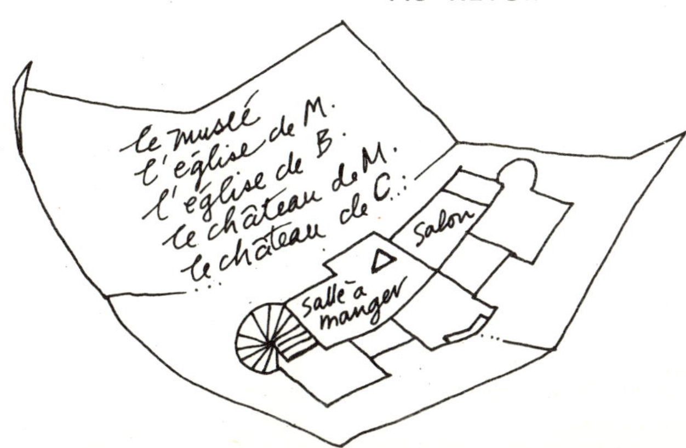

6 Une carte pour l'Angleterre

(At the hotel reception, a woman from the tourist agency has made a booking.)

Monique (recapping) **Alors, vous voulez réserver une chambre à un lit, pour une personne . . . et trois chambres à deux lits.**

L'Employée de l'Agence **C'est ça.** (looking at her list) **Voyons . . . la liste . . .**

Monique (ticking off rooms in her book) **Une, deux, trois . . . à deux lits: six personnes.**

L'Employée (having checked) **Oh, pardon! Je voudrais aussi une chambre à un lit, avec douche.**

Monique **Bon.**

L'Employée **Parfait!** (seeing postcards on reception counter) **Oh! Des cartes postales.**

Monique **Elles sont bien, n'est-ce pas?**

L'Employée **Oui. Et ce sont des cartes de Montmirail?**

Monique **Oui.**

L'Employée **Hum . . . les cartes en couleur sont très, très bien.**

Monique **Oui, n'est-ce pas?**

L'Employée **Oh, oui.**

Monique (recapping) **Alors, vous voulez cinq chambres.**

L'Employée **Oui, c'est ça.**

Monique (writing) **Agence Tourisme et Soleil . . . cinq chambres: huit personnes pour aujourd'hui. Parfait, Madame! Au revoir, Madame.**

6

L'Employée	Au revoir, Mademoiselle.
	(Telephone rings)
Monique	Oui, Henriette . . . les clefs? Les clefs de la chambre numéro huit et de la chambre numéro neuf? Je regarde . . . Oui, les clefs sont là.
	(Guy comes in)
Monique	Oui, Monsieur Lambert?
Guy	(showing piece of paper dropped by Vautrin) Le papier . . .
Monique	C'est un plan . . .
Guy	Oui . . .
Monique	Ce n'est pas un plan d'église?
Guy	Non. Alors . . . ?
Monique	Ah! C'est le plan du château!
Guy	Oui! Le château de Montmirail!
Monique	Oui! Là, c'est l'entrée . . . là, le salon . . . là, la salle à manger . . . et là, ce sont les chambres!
Guy	Et regardez là . . .
Monique	Oui, un triangle . . . un triangle dans la salle à manger . . . Tiens . . .
Guy	Je voudrais visiter le château de Montmirail. Vous voulez le visiter aussi?
Monique	Oui, mais je ne peux pas aujourd'hui.
Guy	Ah . . .
Monique	Je ne peux pas quitter la réception.
Guy	Alors, demain?
Monique	Oui, c'est ça; demain.
Guy	Alors, demain! (seeing the postcards) Je voudrais une carte postale du château.
Monique	Ah . . . le château . . . (starts looking)
Guy	Laissez, je vous en prie. Je peux chercher . . . l'amphithéâtre . . . l'église . . . le château . . . Ah, le voilà.

(At post-office, where Vautrin is writing a letter and a card to a Swiss address.)

L'Employée de Poste	(answering customer) Les cartes postales pour l'Angleterre, c'est quarante centimes, Mademoiselle. Voilà, Mademoiselle . . . un, deux, trois, quatre, cinq timbres.
	(Guy enters; looks over Vautrin's shoulder)
Vautrin	(startled) Oh! Monsieur Lambert . . . vous voulez la place?
Guy	Non, non; je vous en prie . . . Terminez!
Vautrin	Ah! Je n'aime pas les lettres . . .
Guy	Ah, là, là! Les lettres! Les cartes . . . ! En vacances!
Vautrin	Oui, mais les parents . . . les amis . . .
Guy	Ah, oui . . .
Vautrin	Je voudrais des timbres. Le guichet des timbres, c'est là?
Guy	Oui . . . Timbres.
	(Vautrin moves over to counter)
Vautrin	Je voudrais des timbres à quarante centimes.
L'Employée	(not concentrating) Bien, Monsieur. (gives 10-centime stamps by mistake)
Vautrin	Merci, Madame. (looks at stamps) Madame! Ce ne sont pas des timbres à quarante centimes!
L'Employée	Ah, non?

6

Vautrin	**Tenez, regardez!**
L'Employée	(having checked) **Oh, pardon! Ce sont des timbres à dix centimes!**
Vautrin	**Je voudrais un carnet de timbres, s'il vous plaît.**
L'Employée	**Un carnet à quatre francs ou à huit francs?**
Vautrin	**Il y a dix timbres dans un carnet à quatre francs, n'est-ce pas?**
L'Employée	**Oui, dix.**
Vautrin	**Alors un carnet à quatre francs, s'il vous plaît.**
L'Employée	**Voilà, Monsieur.**
Guy	(writing) **Demain, je visite le château de Montmirail. Lambert.** (addressing card) **M. Foucher, Commissaire Principal, Police Judiciaire, Paris IV.** (Guy sees reflection in mirror above blotting-paper of address left by Vautrin's card. He tears blotting-paper away and pockets it.)

WORDS AND EXPRESSIONS . . .

pl = plural

l'ami m	(male) friend
l'agence (de voyages) f	(travel) agency
l'Angleterre f	England/Britain
le carnet	book (of stamps/ tickets/etc)
la carte (postale): pl les cartes postales	postcard
le centime	centime
l'employée f	(female) clerk/ assistant
le franc	franc
la France	France
le guichet	position at counter
la lettre	letter
la liste	list
le papier	paper
le parent	relative/parent
la personne	person
la pharmacie	chemist's shop
la place	place/seat
la réception	reception desk
le salon	drawing-room, lounge
le timbre	stamp
le tourisme	tourism
le triangle	triangle
des	of the (see also page 42)
les	the; them (see also page 42)
quitter	to leave
sont	are
terminer	to finish
aujourd'hui	today
demain	tomorrow
surtout	especially
vingt	20
trente	30
quarante	40

alors, demain?	what about tomorrow?
ce (ne) sont (pas)	they're (not)
il y a	there is/are
n'est-ce pas?	isn't that so?
un carnet de timbres	a book of stamps
un carnet à quatre francs	a 4F book of stamps
une chambre à un lit	single bedroom
une chambre à deux lits	double bedroom
un timbre à quarante centimes	a 40-centime stamp

6

. . . COMMENTS . . .

In France, the word **l'Angleterre** is often used loosely for Great Britain **(la Grande-Bretagne)**. Notice that names of countries are preceded by **le, la, l'** or **les** as appropriate, except when they are part of the address on a letter for overseas.

Note that the words **franc/francs** are generally abbreviated to **F** regardless of whether it refers to one franc or more.

. . . HOW WE SAY THEM . . .

Consonants at the end of a word are often not pronounced (see page 14). But when a word ending in a silent consonant is followed by a word beginning with a vowel or an **h**, then the consonant is frequently pronounced:

les livres but **les‿autobus**	**les musées** but **les‿hôtels**
je les trouve but **je les‿achète**	**vous cherchez** but **vous‿aimez**
un guide but **un‿agent**	**c'est la table** but **c'est‿une table**
deux châteaux but **deux‿églises**	**trois garçons** but **trois‿églises**

This is known as liaison, and it generally takes place when the two words are closely linked in the sentence.

. . . HOW WE USE THEM . . .

Voilà **un foulard.** / **une église.** / **deux foulards.** / **deux églises.**

Une chambre pour **un mois.** / **deux mois.**

When a noun refers to more than one of anything, an **–s** is added at the end, but it is not pronounced. This is the plural form of the noun.

No **–s** is added in the plural form of a

6

Il y a un autobus. Il y a deux autobus.	word that already ends in **–s**.
Voilà un bureau. Voilà un château. Voilà deux bureaux. Voilà deux châteaux.	An **–x** is added instead of an **–s** with words that end in **–eau**, like **bureau, château**; this **–x** is not pronounced.
J'achète un journal. J'achète deux journaux.	Note the plural of **journal**.

Je cherche le livre. Je cherche la clef. Je cherche l'adresse. Je cherche les livres. Je cherche les clefs. Je cherche les adresses.	**Les** is the plural form of **le, la** and **l'**, the equivalents of 'the'.
Vous portez le sac? Oui, je le porte. Vous cherchez la clef? Oui, je la cherche. Vous aimez le musée? Oui, je l'aime. Vous portez les sacs? Oui, je les porte. Vous cherchez les clefs? Oui, je les cherche. Vous aimez les musées? Oui, je les aime.	**Les** is also the plural of **le, la** and **l'** when they are the equivalent of 'it', 'him' and 'her'. **Les** is then the equivalent of 'them'.

La clef est sur la table. Les clefs sont sur la table.	**sont** is the plural form of **est**.
Là, c'est l'entrée . . . Là, ce sont les chambres . . .	**ce sont** is the plural form of **c'est**.

L'adresse du musée. L'adresse de la pharmacie. L'adresse de l'hôtel. La liste des musées. La liste des pharmacies. La liste des hôtels.	The plural of **du, de la** and **de l'** is always **des**.
Voilà un foulard très bien! Voilà une robe très bien! Voilà des foulards très bien! Voilà des robes très bien!	**des** is also the plural of **un** and **une**. This form can be the equivalent of 'some'
Il y a des timbres dans le tiroir? Il y a des clefs dans le tiroir?	or of 'any'
Ce sont des timbres? Ce sont des cartes postales?	but it is very often used in French where English leaves it out.

Dans un carnet il y a dix timbres, n'est-ce pas?	**n'est-ce pas?** is generally added at the end of a statement when confirmation is expected.

. . . AND NOW SOME PRACTICE!

Les foulards sont par ici, Monsieur.
Les robes sont par ici, Madame.

Les foulards sont par ici, Monsieur.
Les robes sont par ici, Madame.
Les pull-overs sont par ici, Monsieur.
Les serviettes sont par ici, Madame.
Les maillots sont par ici, Monsieur.
Les pellicules sont par ici, Madame.
Les livres sont par ici, Monsieur.
Les cartes postales sont par ici, Madame.

Je voudrais un foulard.
Je voudrais une robe.

Je voudrais un foulard.
Je voudrais une robe.
Je voudrais un pull-over.
Je voudrais une serviette.
Je voudrais un maillot.
Je voudrais une pellicule.
Je voudrais un livre.
Je voudrais une carte postale.
Une carte du château, s'il vous plaît.

Oh, non! Je ne le cherche pas.
Oh, non! Je ne le regarde pas.

Oh, non! Je ne le cherche pas.
Oh, non! Je ne le regarde pas.
Oh, non! Je ne la quitte pas.
Oh, non! Je ne l'achète pas.
Oh, non! Je ne la réserve pas.
Oh, non! Je ne la signe pas.
Oh, non! Je ne le garde pas.
Oh, non! Je ne l'aime pas.

Vous cherchez le curé?
Vous regardez le plan?

Vous cherchez le curé?
Vous regardez le plan?
Vous quittez la chambre?
Vous achetez l'appareil?
Vous réservez la place?
Vous signez la carte?
Vous gardez le foulard?
Vous aimez la robe?
Mais elle est très chic!

Vous aimez les églises?
Vous n'aimez pas les écoles?

Vous aimez les églises?
Vous n'aimez pas les écoles?
Vous aimez les amphithéâtres?
Vous n'aimez pas les autobus?
Vous aimez les armoires?
Vous n'aimez pas les agences?
Vous aimez les appareils?
Vous n'aimez pas les agents?

Ah! Une église!
Oh! Une école!

Ah! Une église!
Oh! Une école!
Ah! Un amphithéâtre!
Oh! Un autobus!
Ah! Une armoire!
Oh! Une agence!
Ah! Un appareil!
Oh! Un agent!
Vous êtes agent?

6

Elle n'est pas sur la liste des musées?
Mais elle est sur la liste des hôtels!

Elle n'est pas sur la liste des musées?
Mais elle est sur la liste des hôtels!
Elle n'est pas sur la liste des pharmacies?
Mais elle est sur la liste des églises!
Elle n'est pas sur la liste des cafés?
Mais elle est sur la liste des pharmacies!
Elle n'est pas sur la liste des hôtels?
Mais elle est sur la liste des agences!

Je cherche l'adresse du musée.
Je ne trouve pas l'adresse de l'hôtel.

Je cherche l'adresse du musée.
Je ne trouve pas l'adresse de l'hôtel.
Je cherche l'adresse de la pharmacie.
Je ne trouve pas l'adresse de l'église.
Je cherche l'adresse du café.
Je ne trouve pas l'adresse de la pharmacie.
Je cherche l'adresse de l'hôtel.
Je ne trouve pas l'adresse de l'agence.
C'est bizarre, mais je ne la trouve pas.

Oh, oui! Je voudrais le visiter.
Oh, oui! Je voudrais l'acheter.

Oh, oui! Je voudrais le visiter.
Oh, oui! Je voudrais l'acheter.
Oh, oui! Je voudrais le visiter.
Oh, oui! Je voudrais l'acheter.
Oh, oui! Je voudrais la visiter.
Oh, oui! Je voudrais l'acheter.
Oh, oui! Je voudrais la visiter.
Oh, oui! Je voudrais l'acheter.

Vous voulez visiter le musée?
Vous voulez acheter la robe?

Vous voulez visiter le musée?
Vous voulez acheter la robe?
Vous voulez visiter le château?
Vous voulez acheter la valise?
Vous voulez visiter la ville?
Vous voulez acheter le foulard?
Vous voulez visiter la crypte?
Vous voulez acheter le sac?
Il est bien, n'est-ce pas?

Voilà des foulards très bien!
Voilà des robes très bien!

Voilà des foulards très bien!
Voilà des robes très bien!
Voilà des pull-overs très bien!
Voilà des maillots très bien!
Voilà des serviettes très bien!
Voilà des peignes très bien!
Voilà des sacs très bien!
Voilà des valises très bien!

Je cherche un foulard.
Je cherche une robe.

Je cherche un foulard.
Je cherche une robe.
Je cherche un pull-over.
Je cherche un maillot.
Je cherche une serviette.
Je cherche un peigne.
Je cherche un sac.
Je cherche une valise.
Et très chic aussi!

6

●

Monsieur, vous désirez?
Deux timbres à quarante centimes, s'il vous plaît.
Monsieur, vous désirez?
Trois timbres à quarante centimes, s'il vous plaît.

Monsieur, vous désirez?
Deux timbres à quarante centimes, s'il vous plaît.
Monsieur, vous désirez?
Trois timbres à quarante centimes, s'il vous plaît.
Monsieur, vous désirez?
Quatre timbres à quarante centimes, s'il vous plaît.
Monsieur, vous désirez?
Cinq timbres à quarante centimes, s'il vous plaît.
Monsieur, vous désirez?
Six timbres à quarante centimes, s'il vous plaît.
Monsieur, vous désirez?
Sept timbres à quarante centimes, s'il vous plaît.
Monsieur, vous désirez?
Huit timbres à quarante centimes, s'il vous plaît.
Monsieur, vous désirez?
Neuf timbres à quarante centimes, s'il vous plaît.
Monsieur, vous désirez?
Dix timbres à quarante centimes, s'il vous plaît.
Voilà, Monsieur: quatre francs.

Vous ne signez pas les cartes?
Je préfère les signer demain.
Vous n'achetez pas les livres?
Je préfère les acheter demain.

Vous ne signez pas les cartes?
Je préfère les signer demain.
Vous n'achetez pas les livres?
Je préfère les acheter demain.
Vous ne visitez pas les églises?
Je préfère les visiter demain.
Vous n'essayez pas les robes?
Je préfère les essayer demain.
Vous ne regardez pas les timbres?
Je préfère les regarder demain.
Vous n'écoutez pas les disques?
Je préfère les écouter demain.
Vous ne cherchez pas les adresses?
Je préfère les chercher demain.
Vous n'échangez pas les billets?
Je préfère les échanger demain.
Pas aujourd'hui?

●

Vous regardez l'appareil?
Oui, je le regarde.
Vous cherchez l'agence?
Oui, je la cherche.

Vous regardez l'appareil?
Oui, je le regarde.
Vous cherchez l'agence?
Oui, je la cherche.
Vous regardez l'église?
Oui, je la regarde.
Vous cherchez l'agent?
Oui, je le cherche.
Vous regardez l'amphithéâtre?
Oui, je le regarde.
Vous cherchez l'adresse?
Oui, je la cherche.
Vous regardez l'école?
Oui, je la regarde.
Vous cherchez l'hôtel?
Oui, je le cherche.
Il est là, sur la place.

NOW YOU KNOW . . .

. . . how to talk about things when there is more than one of them
. . . how to buy and send postcards
. . . how to buy stamps

AU REVOIR! ET TRAVAILLEZ BIEN!

7 Quelle affaire!

(Guy and Monique are driving to the château.)

Monique (examining Vautrin's drawing) **Oui, c'est bizarre, ce plan . . .**

Guy **Oui.**

Monique **Et ce triangle . . . près de la porte, dans la salle à manger . . .**

Guy **Les monuments de Montmirail l'intéressent beaucoup: l'église, l'amphithéâtre, le château . . .**

Monique **Il est professeur!**

Guy (ironically) **Vautrin, professeur?**

Monique **Voilà le château . . . il n'est pas loin de Montmirail.**

Guy **Hum . . . il est magnifique!**

Monique **C'est le château de Madame de Beauchamp.**

Guy **Madame de Beauchamp? Qui est-ce?**

Monique **C'est la Marquise de Montmirail.**

Guy **Une marquise!**

Monique **Elle est peut-être là aujourd'hui.**

Guy **Et elle laisse les touristes visiter le château?**

Monique **Oui, mais avec le guide des monuments de Montmirail.**

Guy (decides to take photo of château) **Une minute . . . Vous permettez?**

Monique **Certainement.**

Guy (in difficulty with camera) **Oh, cet appareil! Je déteste les appareils.** (takes photo) **Voilà!**

7

(In entrance hall)

Le Guide (giving ticket to visitor) **C'est deux francs . . .** (pompously) **La visite commence!**

Monique Bonjour, Monsieur Janvier.

Le Guide Bonjour, Mademoiselle Monique.

Monique Je vous présente Monsieur Guy Lambert, un ami. (to Guy) Monsieur Janvier, le guide des monuments de Montmirail.

Le Guide Monsieur.

Guy Monsieur . . . Il y a beaucoup de touristes aujourd'hui?

Le Guide Oh, oui . . . ! Aujourd'hui, deux: ce monsieur et cette dame. Ils sont ensemble . . .

Guy Et les touristes visitent le château avec la marquise ou avec un guide?

Le Guide (proudly) **Avec le guide, Désiré Janvier!**

Monique Monsieur Janvier est un guide remarquable.

Guy D'habitude, il y a beaucoup de touristes?

Le Guide Oh, oui. Hier . . . (counting ticket stubs) **un, deux, trois, quatre, cinq, six, sept, huit, neuf, dix.**

Guy (pointing to visitor) **Qui est-ce?**

Le Guide Un touriste.

Guy Ce n'est pas un professeur?

Monique (explaining) **Il y a un professeur à Montmirail – Monsieur Vautrin. Il visite les monuments de la ville.**

Le Guide Les touristes arrivent . . . deux francs . . . ils visitent . . . ils regardent . . . qui est-ce? (shrugs)

Guy (seeing a woman) **Qui est-ce?**

Le Guide C'est Madame la Marquise de Beauchamp.

Monique Ah, oui. Madame la Marquise!

Le Guide (announcing) **La visite commence! Venez voir les trésors du château! Venez voir! Par ici, par ici!** (to visitor going in wrong direction) **Non, Madame, pas par là; par là, c'est la sortie!**

(Monique introduces Guy to Lady Beauchamp)

Monique Monsieur Lambert aime beaucoup les antiquités.

La Marquise Alors, il aime Montmirail!

Guy Oui, beaucoup. Il n'y a pas de ville comme Montmirail!

Monique Les touristes aiment toujours Montmirail.

La Marquise Les touristes et les professeurs.

Guy Les professeurs?

La Marquise Oui, il y a un professeur à Montmirail, en ce moment . . . une personne remarquable!

Guy Monsieur Vautrin?

La Marquise Oui, c'est ça; Monsieur Vautrin. Oh, le château l'intéresse beaucoup . . .

Monique Il est ici en ce moment?

La Marquise Non, mais il visite souvent le château. Ce professeur est un ami?

Monique C'est un ami de Monsieur Lambert.

(In drawing-room)

Le Guide Et regardez ce plafond! C'est un plafond magnifique! Et regardez ce tapis! C'est un tapis magnifique! (indicating

7

silver ornament) **Oui, c'est en argent . . . Magnifique!**

(In dining-room)

La Marquise	**Et voilà la salle à manger.**
Monique	**Regardez cette armoire . . . cette table . . .**
Guy	**Et les chaises.**
La Marquise	**Venez voir cette collection de cuillères, de fourchettes . . .** **Des cuillères, des fourchettes et des couteaux en or!**
Monique	**Oh, oui, c'est le trésor du château.** (They move over to showcase)
La Marquise	**Oh, mon Dieu . . . ! Le trésor du château . . . Disparu!** (calling) **Janvier! Les cuillères! Les fourchettes!**
Le Guide	(curiously unsurprised) **Quelle affaire!** (He looks at all in turn) **Madame la Marquise, le voleur n'est pas loin . . . !**

WORDS AND EXPRESSIONS . . .

les antiquités f pl ancient monuments/antiques
la chaise chair
la collection collection
le couteau knife
la dame lady
la fourchette fork
la marquise marchioness

le monsieur gentleman
le monument monument
le plafond ceiling
la sortie exit
le tapis carpet
le/la touriste tourist
la visite visit/guided tour

ce, cet, cette this/that
elle she/it
elles they

il he/it
ils they

arriver to arrive
commencer to begin

détester to hate
intéresser to interest

magnifique splendid

remarquable remarkable, extraordinary

beaucoup de a lot of, many
d'habitude usually
ensemble together
hier yesterday
loin de far from

peu little
peu de little, few
peut-être perhaps
près de near
souvent often

c'est deux francs that's two francs
elle est là she's in
en ce moment at the moment
je vous présente . . . may I introduce . . .
Madame la Marquise (de Beauchamp) The Marchioness (Lady Beauchamp)
quelle affaire! what a business!
qui est-ce? who is it/he/she?
venez voir . . . come and see . . .
voyons . . . ! come, come . . . !

7

... COMMENTS ...

When one is being introduced to someone, the correct formula is to shake hands and say **Madame, Mademoiselle** or **Monsieur** according to the status of the person one is being introduced to.
When one is doing the introducing, the formula is: **je vous présente ...**

Note that the word **château** can apply to a palace, a substantial country house or manor, as well as to a castle.

... HOW WE SAY THEM ...

Note and remember the sound of **è** and **ê** in:

très **crème** **mère** **bière** vous **êtes** fenêtre arrêt

An **e** without a written accent sometimes has the same sound:

elle **adresse** **c'est** **soleil** **lettre**

The same sound can also be found spelt **ai** or **aî** :

chaise **j'aime** **parfait** s'il vous **plaît**

... HOW WE USE THEM ...

Ce foulard / pyjama est en soie.

Cet appareil / hôtel est très bien.

Cette robe / adresse est très chic.

Ce, cet and **cette** are the equivalents of both 'this' and 'that'. **Ce** is used before masculine nouns beginning with a consonant, **cet** before masculine nouns beginning with a vowel or an h, **cette** before all feminine nouns.

Où est Guy? / Monique? Il / Elle est avec le guide.

Où sont les timbres? / les clefs? Ils / Elles sont dans le tiroir.

Note that **il** and **elle** are the equivalents of 'he' and 'she' as well as of 'it'.
Ils and **elles** are the plural forms of **il** and **elle** , and the equivalents of 'they'.

7

Où sont Guy et Monique?
Ils sont avec le guide.
Où sont la fourchette et le couteau?
Ils sont dans le tiroir.

Note that a mixture of masculine and feminine nouns is referred to in the masculine plural.

il(s) + elle(s) = ils

For verbs that end in **–er** in the infinitive, and when talking about the present or the immediate future:

Guy / Le touriste / Il/Elle — **aime** / **visite** — Montmirail.

–e is the ending of the **il/elle** (he/she/it) form, and

Les touristes aiment / Ils/Elles visitent — Montmirail.

–ent is the ending of the **ils/elles** (they) form.

Le tapis? Il est magnifique!
Les tapis? Ils sont magnifiques!
La chaise? Elle est remarquable!
Les chaises? Elles sont remarquables!

magnifique and **remarquable** are adjectives. Note that adjectives have a plural form when they refer to nouns in the plural.

M. Janvier est un guide remarquable.
C'est un tapis magnifique.

Most adjectives follow the noun to which they refer.

L'église? Elle est près de l'hôtel.
Le château? Il n'est pas loin de Montmirail.

Note that **près** and **loin** are used with **de** when followed by a noun.

Il y a une armoire dans le salon?
Dans le salon il n'y a pas d'armoire.
Il y a des clefs dans le tiroir?
Dans le tiroir il n'y a pas de clefs.

Note that in negative sentences **un, une** and **des** change to **de** (or **d'** before a vowel or an **h**)

Ce sont des foulards en soie?
Non, ce ne sont pas des foulards en soie.

but an exception is made after **ce ne sont pas** and other parts of the verb 'to be'.

. . . AND NOW SOME PRACTICE ! . . .

●

Vous regardez le château?
Oui. Ce château est remarquable!
Vous regardez le salon?
Oui. Ce salon est magnifique!

Vous regardez le château?
Oui. Ce château est remarquable!
Vous regardez le salon?
Oui. Ce salon est magnifique!
Vous regardez le trésor?
Oui. Ce trésor est remarquable!
Vous regardez le tapis?
Oui. Ce tapis est magnifique!
Vous regardez le plafond?
Oui. Ce plafond est remarquable!
Vous regardez le plat?
Oui. Ce plat est magnifique!
Vous regardez le musée?
Oui. Ce musée est remarquable!
Vous regardez le guide?
Oui. Ce guide est magnifique!
Oh, oui! Il est remarquable!

7

●

Mais Monique ne le regarde pas.
Mais Louise ne l'écoute pas.

Mais Monique ne le regarde pas.
Mais Louise ne l'écoute pas.
Mais Monique ne les aime pas.
Mais Louise ne la visite pas.
Mais Monique ne les déteste pas.
Mais Louise ne l'écoute pas.
Mais Monique ne la signe pas.
Mais Louise ne la cherche pas.

Louise regarde le journal . . .
Monique écoute l'agent . . .

Louise regarde le journal . . .
Monique écoute l'agent . . .
Louise aime les antiquités . . .
Monique visite l'église . . .
Louise déteste les touristes . . .
Monique écoute le guide . . .
Louise signe la carte . . .
Monique cherche l'adresse . . .
Louise, qui est-ce?

●

Elle est très bien, cette place!
Elle est très bien, cette carte!

Elle est très bien, cette place!
Elle est très bien, cette carte!
Elle est très bien, cette église!
Elle est très bien, cette armoire!
Elle est très bien, cette chambre!
Elle est très bien, cette robe!
Elle est très bien, cette école!
Elle est très bien, cette agence!

Voilà la place . . .
Voilà une carte . . .

Voilà la place . . .
Voilà une carte . . .
Voilà l'église . . .
Voilà une armoire . . .
Voilà la chambre . . .
Voilà une robe . . .
Voilà l'école . . .
Voilà une agence . . .
C'est l'agence de Montmirail!

Ah, Monsieur, il y a beaucoup de musées ici!
Ah, Monsieur, il y a beaucoup d'églises ici!

Ah, Monsieur, il y a beaucoup de musées ici!
Ah, Monsieur, il y a beaucoup d'églises ici!
Ah, Monsieur, il y a beaucoup de châteaux ici!
Ah, Monsieur, il y a beaucoup d'agences ici!
Ah, Monsieur, il y a beaucoup de cafés ici!
Ah, Monsieur, il y a beaucoup d'écoles ici!
Ah, Monsieur, il y a beaucoup de places ici!
Ah, Monsieur, il y a beaucoup d'hôtels ici!

Je cherche le musée.
Je cherche l'église.

Je cherche le musée.
Je cherche l'église.
Je cherche le château.
Je cherche l'agence.
Je cherche le café.
Je cherche l'école.
Je cherche la place.
Je cherche l'hôtel.
Je cherche l'Hôtel de la Place.

7

Oui, ils mangent ensemble.
Oui, ils écoutent ensemble.

Oui, ils mangent ensemble.
Oui, ils écoutent ensemble.
Oui, ils cherchent ensemble.
Oui, ils essaient ensemble.
Oui, ils travaillent ensemble.
Oui, ils arrivent ensemble.
Oui, ils montent ensemble.
Oui, ils entrent ensemble.

Il mange avec Monique?
Elle écoute avec Guy?

Il mange avec Monique?
Elle écoute avec Guy?
Il cherche avec Monique?
Elle essaie avec Guy?
Il travaille avec Monique?
Elle arrive avec Guy?
Il monte avec Monique?
Elle entre avec Guy?
Parfait!

Denise? Qui est-ce?
Alain? Qui est-ce?

Denise? Qui est–ce?
Alain? Qui est-ce?
Mme de Beauchamp? Qui est-ce?
M. Sylvestre? Qui est-ce?
Madeleine? Qui est-ce?
Louis? Qui est-ce?
Mme Dupont? Qui est-ce?
Désiré? Qui est-ce?

Mais voyons, c'est Denise!
Mais voyons, c'est Alain!

Mais voyons, c'est Denise!
Mais voyons, c'est Alain!
Mais voyons, c'est Mme de Beauchamp!
Mais voyons, c'est M. Sylvestre!
Mais voyons, c'est Madeleine!
Mais voyons, c'est Louis!
Mais voyons, c'est Mme Dupont!
Mais voyons, c'est Désiré!
Le guide des monuments de Montmirail, voyons!

Ce musée est remarquable.
Cet amphithéâtre est magnifique.

Ce musée est remarquable.
Cet amphithéâtre est magnifique.
Ce professeur est remarquable.
Cet hôtel est magnifique.
Ce livre est remarquable.
Cet appareil est magnifique.
Ce garçon est remarquable.
Cet amphithéâtre est magnifique.

Voilà un musée.
Voilà un amphithéâtre.

Voilà un musée.
Voilà un amphithéâtre.
Voilà un professeur.
Voilà un hôtel.
Voilà un livre.
Voilà un appareil.
Voilà un garçon.
Voilà un amphithéâtre.
Ah, oui! C'est un amphithéâtre remarquable!

7

●

Dans le tiroir ? Non, il n'y a pas de lettres.
Dans le placard ? Non, il n'y a pas de plats.

Dans le tiroir ? Non, il n'y a pas de lettres.
Dans le placard ? Non, il n'y a pas de plats.
Dans le tiroir ? Non, il n'y a pas de cartes.
Dans le placard ? Non, il n'y a pas de cuillères.
Dans le tiroir ? Non, il n'y a pas de timbres.
Dans le placard ? Non, il n'y a pas de fourchettes.
Dans le tiroir ? Non, il n'y a pas de clefs.
Dans le placard ? Non, il n'y a pas de couteaux.

Il y a des lettres dans le tiroir ?
Il y a des plats dans le placard ?

Il y a des lettres dans le tiroir ?
Il y a des plats dans le placard ?
Il y a des cartes dans le tiroir ?
Il y a des cuillères dans le placard ?
Il y a des timbres dans le tiroir ?
Il y a des fourchettes dans le placard ?
Il y a des clefs dans le tiroir ?
Il y a des couteaux dans le placard ?
Mais alors, où sont les couteaux ?

Non; il est loin.
Non; elle est derrière.
Non; elle est à gauche.

Non; il est loin.
Non; elle est derrière.
Non; elle est à gauche.
Non; il est près.
Non; il est devant.
Non; elle est à gauche.
Non; il est loin.
Non; elle est derrière.

Le château est près de Montmirail ?
La place est devant la mairie ?
L'agence est à droite de la poste ?

Le château est près de Montmirail ?
La place est devant la mairie ?
L'agence est à droite de la poste ?
L'arrêt est loin de l'hôtel ?
Le monument est derrière l'église ?
La salle à manger est à droite du salon ?
L'amphithéâtre est près de l'hôtel ?
L'église est devant le monument ?
Où est le plan ?

NOW YOU KNOW . . .

. . . what to say when you are being introduced
. . . how to say that other people are doing something
. . . how to refer to things you are pointing to – and how to admire them

AU REVOIR ! ET TRAVAILLEZ BIEN !

8 Vous êtes en panne?

(Returning from the château, the car has broken down; Guy and Monique are pushing it into a garage.)

Guy Ouf . . . ! Le garage . . . !

Monique Je pousse! Mais . . . c'est difficile!

Guy (impatient) Allons! Allons! Regardez! C'est facile! (as car moves forward) Bravo! Vous êtes remarquable! Oh! Arrêtez! (puts on brake)

Monique (looking around) Où est le garagiste?

Guy Dans le garage, je suppose. (calling) Il y a quelqu'un?

Le Garagiste Oui, j'arrive!

Monique Ah, voilà le garagiste.

Le Garagiste Avancez, s'il vous plaît.

Guy C'est impossible.

Le Garagiste Impossible? (laughing) Ah, vous êtes en panne!

Guy Oui.

Le Garagiste En panne d'essence, je suppose . . .

Guy (annoyed) Je ne sais pas.

Monique (helpfully) Oui, c'est peut-être une panne d'essence . . .

Le Garagiste Allons! Poussez!
(They all push; car doesn't move)

8

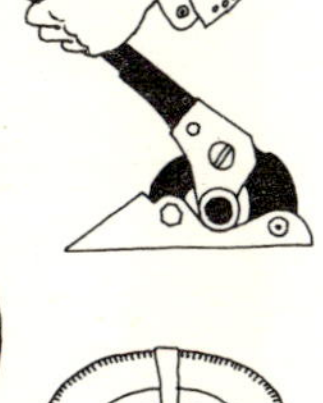

Monique — Le frein . . .
(Guy releases brake)

Le Garagiste — Ah! Avec le frein . . . évidemment! Allons! Poussez! (car moves with a bump) Attention! Ne la poussez pas. (not entirely sorry) Je regrette . . . mais vous avez une crevaison!

Guy — (more annoyed) Oui.

Le Garagiste — (jokingly) Quelle affaire! Eh bien . . . le pneu!

Guy — Vous pouvez le réparer?

Le Garagiste — C'est facile . . . vous avez une roue de secours.

Monique — Une roue de secours . . . ? Il y a les quatre roues . . .

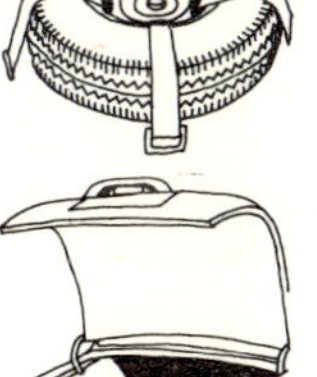

Le Garagiste — Elle est dans le coffre.

Guy — Dans le coffre! (opens boot) Non!

Le Garagiste — Tiens . . . c'est bizarre . . . (showing another car) Regardez cette voiture . . . (opens boot) Voilà la roue de secours, dans le coffre!

Guy — (trying to read number plate of other car)
(aside to Monique) . . .MZ 60. Ce n'est pas la voiture de Monsieur Vautrin?
(aloud to garage attendant, indicating his hired car) Oui, mais cette voiture est une voiture louée.

Le Garagiste — Oh . . . alors! Ces voitures louées . . . !

Guy — Vous avez peut-être une roue de secours?

Le Garagiste — Non, mais j'ai des pneus dans le garage.

Monique — Vous pouvez réparer le pneu tout de suite?

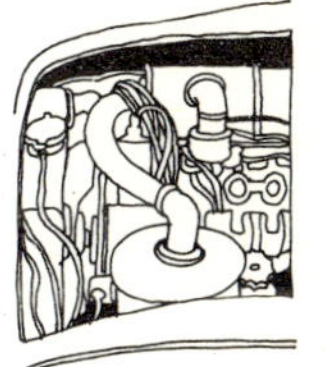

Le Garagiste — Oui, si vous voulez. Mais je voudrais trouver la panne d'abord. (opens bonnet) Je voudrais regarder le moteur . . . Vous avez de l'huile? (checks) L'huile, ça va. Et de l'eau . . . vous avez de l'eau? (checks) Non, vous n'avez pas d'eau. (points to can) Il y a de l'eau là.

Monique — C'est peut-être une panne d'essence?

Guy — (sure) Non, j'ai de l'essence. (on second thoughts, uncertain) Bon! Essayez!

Le Garagiste — De la normale ou de la super?

Guy — De la super.

Le Garagiste — Combien?

Guy — Je ne sais pas . . . heu . . . cinquante francs. Non; faites le plein.

Le Garagiste — Bon. (starts filling up; dashboard gauge does not move)

Guy — Ah . . . ! Ça ne marche pas! Oh, ces voitures louées!

Le Garagiste — Vous voulez essayer le moteur?

Guy — Oui. (engine starts) Ça . . . c'est bizarre . . .

Monique — Bravo! Ça marche!

Guy — Vous pouvez réparer le pneu?

Le Garagiste — Oui . . . (car arrives) Mais, pas tout de suite; voilà une voiture. Restez là une minute . . . Vous permettez?

(He goes to serve other customer)

Monique — (reaches for picnic basket) Vous voulez du pain?

Guy — Heu . . . je ne sais pas . . . Oh, oui; un peu.

Monique — Vous voulez du jambon ou de la viande?

Guy — Un peu de jambon. (taking it) Merci . . . Vous avez du beurre?

8

Monique Oui; voilà du beurre. Vous ne voulez pas de cette viande?
Guy Non, merci. Ça va comme ça.
Monique Un peu de moutarde?
Guy Oui, merci . . . Eh bien . . . où est le garagiste?
Monique Il regarde l'huile de cette voiture.
Guy Bon. A propos . . . ce guide . . . Désiré Janvier, je ne l'aime pas.
Monique Ah?
Guy Je ne sais pas, mais . . . c'est bizarre . . .
Monique (noticing other customer) Mais . . . c'est Monsieur Janvier!
Guy Janvier, le guide?
Monique Non. Pas Désiré Janvier, mais Sylvestre Janvier – le frère de Désiré. (calling) Monsieur Janvier!
(She gets out of the car, and introduces them)
Sylvestre Vous voulez aussi de l'essence ou vous êtes en panne?
Guy J'ai une crevaison.
Sylvestre Mais vous avez une roue de secours dans le coffre?
Guy Non, il n'y a pas de roue de secours; c'est une voiture louée.
Sylvestre C'est bizarre . . .
Le Garagiste (impatient to get on) Alors, je répare ce pneu!
Sylvestre (to Guy and Monique) Vous restez là?
Guy Oui.
Sylvestre Parce que, si vous voulez . . . j'ai de la place dans la voiture!
Le Garagiste Oui, si vous voulez laisser la voiture . . .
Guy C'est parfait! Merci beaucoup, Monsieur Janvier!
Sylvestre Alors, montez! Montez!
Monique and Guy (to attendant) A demain! (they drive off)

WORDS AND EXPRESSIONS . . .

le beurre butter
le coffre boot (of car)
la crevaison puncture
l'eau f water
l'essence f petrol
le frein brake
le frère brother
le garage garage
le garagiste garage owner/attendant
l'huile f oil
le jambon ham

le moteur engine
la moutarde mustard
la normale regular petrol
le pain bread
la panne breakdown, fault
le pneu tyre
la roue wheel
la roue de secours spare wheel
la super super/high grade petrol
la viande meat
la voiture car

de, du, de la, de l' some/any (of)

ces these/those

j'ai I have
arrêter to stop
avancer to come/to go forward
vous avez you have
pousser to push

regretter to regret, to be sorry
réparer to repair
rester to stay/remain
supposer to suppose

8

cinquante 50 | **soixante** 60 | **zéro** 0

difficile difficult
facile easy
impossible impossible
possible possible

combien (de) how much/many
évidemment obviously
à demain! till tomorrow/see you tomorrow!
allons! come on!
bravo! well done!
ça marche it's working/going
faites le plein fill (her) up
il y a quelqu'un? anybody in?
je ne sais pas I don't know
une voiture louée a hired car
un peu de . . . a little . . .
vous êtes en panne you've broken down
vous êtes en panne d'essence you are out of petrol

. . . COMMENTS . . .

'De l'essence, s'il vous plaît.'
'Combien?'
'Cinquante francs . . . Non; faites le plein!'

In France, it is usual to buy petrol by round figures in money, rather than by quantity – by francs rather than by litres, or alternatively to have the tank filled right up.

. . . HOW WE SAY THEM . . .

Note especially that in French, unlike English, it is *always* the last syllable of a word or phrase that is uttered a little more emphatically than the rest:

le téléphone   **un monument**   **le pull-over**   **une caméra**

pardon!   **s'il vous plaît**   **je ne sais pas**   **le service est compris**

Notice that in the following numbers, the final consonant is pronounced when the words are said in isolation (the **x** of **six** and **dix** is pronounced **s**):

cinq   **six**   **sept**   **huit**   **neuf**   **dix**

But if a following word begins with a consonant, the final consonant of the number is not usually pronounced:

cinq centimes   **six francs**   **huit centimes**   **dix francs**

except in the case of **sept** and **neuf** where it is always pronounced:

sept francs   **neuf timbres**

. . . HOW WE USE THEM . . .

Ce touriste
Cet agent **est impossible.**
Cette serveuse

Ces touristes
Ces agents **sont impossibles.**
Ces serveuses

The plural of **ce, cet** and **cette** is always **ces.**

8

Vous voulez de ce vin ?
Vous ne voulez pas de ce jambon ?

de some / any of

Je voudrais du pain.
Je voudrais de la moutarde.
Je voudrais de l'huile.

de 'of' has a further special use: that of indicating a part of something or a certain quantity of something.

Vous avez du pain ?
Vous avez de la moutarde ?
Vous avez de l'huile ?

It is used in combination with **le** (to give **du**), **la** and **l'** in the sense of some/any.

Je n'ai pas de pain.
Je n'ai pas de moutarde.
Je n'ai pas d'huile.

In negative sentences, however, **de** (or **d'**) is used on its own, without **le, la** or **l'.**

Ah, oui ! Ce n'est pas du pain !
Ah, oui ! Ce n'est pas de la moutarde !
Ah, oui ! Ce n'est pas de l'huile !

An exception is made after **ce n'est pas**, and other parts of the verb 'to be', where it is used in combination with **le, la or l'** (see page 50).

Je répare le pneu ? Oui, réparez-le ! Non, ne le réparez pas !
Je répare la panne ? Oui, réparez-la ! Non, ne la réparez pas !

Note the position of **le** him/it (and **la, l'**) in negative imperative sentences.

De l'essence ? Combien ?

Combien de timbres ?
Combien de billets ?

Note that **combien** is used with **de** when it is followed by a noun.

. . . AND NOW SOME PRACTICE!

C'est un pyjama en soie ?
Ce pyjama ? Non, il est en nylon.
C'est une cuillère en or ?
Cette cuillère ? Non, elle est en argent.
C'est un film en noir et blanc ?
Ce film ? Non, il est en couleur.

C'est un pyjama en soie ?
Ce pyjama ? Non, il est en nylon.
C'est une cuillère en or ?
Cette cuillère ? Non, elle est en argent.
C'est un film en noir et blanc ?
Ce film ? Non, il est en couleur.
C'est une robe en nylon ?
Cette robe ? Non, elle est en soie.
C'est un plat en argent ?
Ce plat ? Non, il est en or.
C'est une pellicule en couleur ?
Cette pellicule ? Non, elle est en noir et blanc.
C'est un foulard en soie ?
Ce foulard ? Non, il est en nylon.
C'est une fourchette en or ?
Cette fourchette ? Non, elle est en argent.
Elle est magnifique !

8

De ce vin ? Non, merci !
De cette bière ? Non, merci !

De ce vin ? Non, merci !
De cette bière ? Non, merci !
De ce pain ? Non, merci !
De cette eau ? Non, merci !
De ce beurre ? Non, merci !
De cette huile ? Non, merci !
De ce jambon ? Non, merci !
De cette viande ? Non, merci !

Vous voulez un peu de vin ?
Vous voulez un peu de bière ?

Vous voulez un peu de vin ?
Vous voulez un peu de bière ?
Vous voulez un peu de pain ?
Vous voulez un peu d'eau ?
Vous voulez un peu de beurre ?
Vous voulez un peu d'huile ?
Vous voulez un peu de jambon ?
Vous voulez un peu de viande ?
Pas de cette viande ?

Oui, je l'ai.
Ah, non, je ne l'ai pas !

Oui, je l'ai.
Ah, non, je ne l'ai pas !
Oui, je l'ai.
Ah, non, je ne l'ai pas !
Oui, je l'ai.
Ah, non, je ne l'ai pas !
Oui, je l'ai.
Ah, non, je ne l'ai pas !

Vous avez le plan du château ?
Et le plan de la ville ?

Vous avez le plan du château ?
Et le plan de la ville ?
Vous avez le guide de l'église ?
Et le guide du musée ?
Vous avez la liste des hôtels ?
Et la liste des pharmacies ?
Vous avez le numéro de la voiture ?
Et le numéro du moteur ?
Le voilà: cinquante-soixante-zéro-huit.

●
Du pain ? Oui, merci !
De la viande ? Oui, merci !

Du pain ? Oui, merci !
De la viande ? Oui, merci !
Du jambon ? Oui, merci !
De la moutarde ? Oui, merci !
Du vin ? Oui, merci !
De la bière ? Oui, merci !
Du café ? Oui, merci !
De l'eau ? Oui, merci !

Un peu de pain ?
Un peu de viande ?

Un peu de pain ?
Un peu de viande ?
Un peu de jambon ?
Un peu de moutarde ?
Un peu de vin ?
Un peu de bière ?
Un peu de café ?
Un peu d'eau ?
Comme ça ?

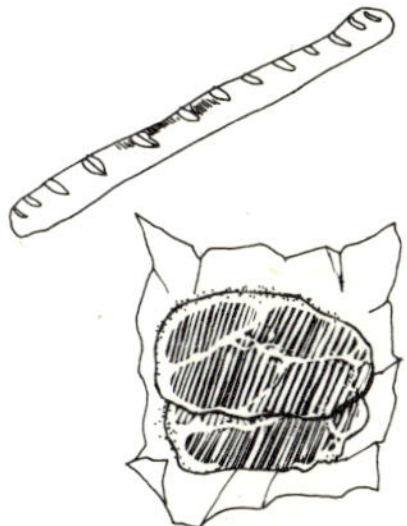

8

Je pousse la voiture ?
J'arrête le moteur ?

Non, ne la poussez pas maintenant.
Non, ne l'arrêtez pas maintenant.

Je pousse la voiture ?
J'arrête le moteur ?
Je cherche la panne ?
J'essaie le frein ?
Je regarde l'huile ?
Je répare le pneu ?
J'enlève la roue ?
Je cherche le garagiste ?
Amusez-vous bien !

Non, ne la poussez pas maintenant.
Non, ne l'arrêtez pas maintenant.
Non, ne la cherchez pas maintenant.
Non, ne l'essayez pas maintenant.
Non, ne la regardez pas maintenant.
Non, ne le réparez pas maintenant.
Non, ne l'enlevez pas maintenant.
Non, ne le cherchez pas maintenant.

Une serviette ? Voilà !
Un livre ? Voilà !

Vous avez des serviettes ? Parfait !
Vous avez des livres ? Parfait !

Une serviette ? Voilà !
Un livre ? Voilà !
Un disque ? Voilà !
Une pellicule ? Voilà !
Un film ? Voilà !
Un billet ? Voilà !
Un timbre ? Voilà !
Une carte postale ? Voilà !
Des cartes à cinquante centimes ?

Vous avez des serviettes ? Parfait !
Vous avez des livres ? Parfait !
Vous avez des disques ? Parfait !
Vous avez des pellicules ? Parfait !
Vous avez des films ? Parfait !
Vous avez des billets ? Parfait !
Vous avez des timbres ? Parfait !
Vous avez des cartes postales ? Parfait !

●

De l'eau, s'il vous plaît.
Du beurre, s'il vous plaît.

Je regrette, mais je n'ai pas d'eau.
Je regrette, mais je n'ai pas de beurre.

De l'eau, s'il vous plaît.
Du beurre, s'il vous plaît.
De la moutarde, s'il vous plaît.
Du jambon, s'il vous plaît.
Du café, s'il vous plaît.
De l'huile, s'il vous plaît.
De l'essence, s'il vous plaît.
Du papier, s'il vous plaît.
Pas de papier ?

Je regrette, mais je n'ai pas d'eau.
Je regrette, mais je n'ai pas de beurre.
Je regrette, mais je n'ai pas de moutarde.
Je regrette, mais je n'ai pas de jambon.
Je regrette, mais je n'ai pas de café.
Je regrette, mais je n'ai pas d'huile.
Je regrette, mais je n'ai pas d'essence.
Je regrette, mais je n'ai pas de papier.

8

●

Mais voyons, ce ne sont pas des foulards!
Mais voyons, ce ne sont pas des robes!

Ils sont très bien, ces foulards!
Elles sont très bien, ces robes!

Mais voyons, ce ne sont pas des foulards!
Ils sont très bien, ces foulards!
Mais voyons, ce ne sont pas des robes!
Elles sont très bien, ces robes!
Mais voyons, ce ne sont pas des pull-overs!
Ils sont très bien, ces pull-overs!
Mais voyons, ce ne sont pas des chaussures!
Elles sont très bien, ces chaussures!
Mais voyons, ce ne sont pas des appareils!
Ils sont très bien, ces appareils!
Mais voyons, ce ne sont pas des lunettes!
Elles sont très bien, ces lunettes!
Mais voyons, ce ne sont pas des timbres!
Ils sont très bien, ces timbres!
Mais voyons, ce ne sont pas des cartes postales!
Elles sont très bien, ces cartes postales!
Tiens, c'est bizarre!

●

Je ne peux pas le laisser comme ça . . .
Je ne peux pas l'écouter comme ça . . .

Vous le laissez?
Vous l'écoutez?

Je ne peux pas le laisser comme ça . . .
Vous le laissez?
Je ne peux pas l'écouter comme ça . . .
Vous l'écoutez?
Je ne peux pas la pousser comme ça . . .
Vous la poussez?
Je ne peux pas l'arrêter comme ça . . .
Vous l'arrêtez?
Je ne peux pas les manger comme ça . . .
Vous les mangez?
Je ne peux pas les acheter comme ça . . .
Vous les achetez?
Je ne peux pas les chercher comme ça . . .
Vous les cherchez?
Je ne peux pas les essayer comme ça . . .
Vous les essayez?
Ah, non?

NOW YOU KNOW . . .

. . . how to say you would like a little of something
. . . how to say you have something
. . . how to ask how much or how many

AU REVOIR! ET TRAVAILLEZ BIEN!

9 Ne perdez pas la tête!

(At his souvenir shop, Sylvestre Janvier has made a sale.)

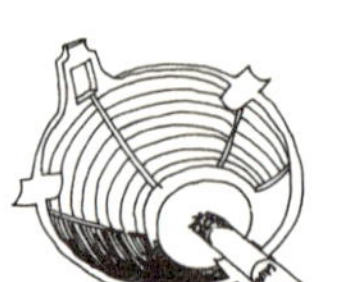

Sylvestre Cinq francs. Merci, Madame. C'est intéressant . . . c'est l'amphithéâtre de Montmirail. Naturellement, c'est une copie . . . une copie en plâtre. Mais c'est une copie excellente. Et c'est un cendrier.
(As customer leaves, Sylvestre's brother, the guide, comes in)
Il est midi. Je ferme. Alors Désiré, ça va?

Désiré Oui, ça va très bien, merci . . . Alors, et le commerce, ça marche?

Sylvestre Oui, ça marche très bien. L'affaire des vols attire les touristes. (reads from newspaper) 'MONTMIRAIL – LE MYSTÈRE CONTINUE' . . . C'est excellent pour le commerce.

Désiré Oui, en effet.

Sylvestre (reads on) 'Les touristes arrivent à Montmirail'. C'est excellent pour le tourisme.

Désiré Oui! Et les touristes arrivent sans arrêt; le musée est plein de touristes; l'église est pleine de touristes; le château, l'amphithéâtre sont pleins de touristes . . .

Sylvestre Mais les objets volés, ils ne sont pas là.

Désiré Naturellement, les objets volés . . . pst . . . !

Sylvestre Oui, mais il y a le plat . . . le plat de la crypte.

Désiré Ah! ce plat! Maintenant les touristes le regardent, l'admirent . . .

Sylvestre Et les vols attirent aussi les clients. Désiré, l'affaire des vols est excellente pour Montmirail. Le magasin est toujours plein.

Désiré En ce moment, il n'est pas plein: il est vide.

9

Sylvestre Parce qu'il est midi.
Désiré Le rayon des souvenirs est vide.
Sylvestre Oui, j'ai peut-être huit ou dix copies de l'amphithéâtre dans cette boîte . . . et voilà, c'est tout . . . !
Désiré (pointing to another box) Cette boîte, qu'est-ce que c'est?
Sylvestre Ça? C'est une boîte de cendriers.
Désiré (looks inside) Elle est vide aussi . . . Oh, pardon! un cendrier.
Sylvestre Ah, oui, un petit cendrier. (takes more from beneath counter) Voilà des cendriers. Tiens, un grand cendrier. (holds it up)
Désiré Oui, il est grand. (indicates another box) Qu'est-ce que c'est?
Sylvestre Des assiettes.
Désiré Des assiettes? Pour manger?
Sylvestre Oui et non. Des assiettes avec un plan de Montmirail. C'est pour décorer un mur. (holds up small souvenir plate) Ça, c'est une petite assiette. Et voilà . . . une grande assiette.

Désiré (putting them away) Les assiettes, je les pose . . . là? Sur le rayon? Comme ça?
Sylvestre Comme ça. (a sudden idea) Ah, Désiré! Je voudrais des copies des objets volés . . . des copies des cuillères et des fourchettes du château, des copies de . . .
Désiré Des copies . . . Pourquoi?
Sylvestre Parce que les clients demandent des souvenirs . . .
Désiré Et naturellement, pour les touristes . . .
Sylvestre Oui, mais il est impossible de fabriquer des copies des objets volés.
Désiré Mais, Sylvestre, le plat! Le plat de la crypte, il est de retour!
Sylvestre En effet. Alors, il est peut-être possible de fabriquer des copies du plat . . .
Désiré Bravo, Sylvestre! Demain, je demande le plat à Monsieur le curé. (acts out the scene)
'Bonjour, Monsieur le curé. Si vous permettez, je voudrais emprunter le plat de la crypte.
(imitating priest) – Vous voulez fabriquer des copies du plat?
– Oui. Je voudrais fabriquer des copies du plat pour les touristes, pour les clients de Sylvestre.
– Désiré, vous avez une idée excellente. Voilà le plat.
– Vous êtes très aimable, Monsieur le curé.
– Je vous en prie, Désiré, je vous en prie.'
Sylvestre Bravo, Désiré. (another idea) Désiré, je voudrais la tête du musée.

Désiré La tête de la Vénus de Montmirail? Mais, pourquoi?
Sylvestre Pour fabriquer une copie de cette tête . . .
(Guy and Monique come in)
Sylvestre (recalling the breakdown) Alors la voiture, ça marche?
Guy Oui, très bien, merci. Le garagiste est très aimable.
Sylvestre Oui . . . Et c'est un garagiste excellent.
Monique Oh, oui.

9

Sylvestre	Monsieur Lambert, je vous présente Désiré, Désiré Janvier.
Monique	(explaining) Le frère de Monsieur Sylvestre.
Désiré	Monsieur Lambert! Monsieur Lambert est un ami.
Sylvestre	(surprised they know each other) Ah . . .
Guy	Mais oui! Monsieur Janvier est un guide remarquable.
Désiré	(joking) Sylvestre! Je suis célèbre!
Guy	Mais oui, vous êtes célèbre. Et . . . vous aimez les antiquités.
Désiré	Eh, oui . . .
Guy	Mais quelle affaire, ces vols à Montmirail!
Sylvestre	Oui, mais cette affaire est excellente pour le commerce et le tourisme.
Monique	Ah, oui: l'hôtel est plein.
Désiré	Alors, vous êtes contente, Mademoiselle Monique!
Monique	Oui, je suis très contente.
Sylvestre	Et regardez! Le rayon des souvenirs est vide.
Monique	En effet.
Sylvestre	Ah, je voudrais des copies des objets volés! Mais il est impossible de fabriquer des copies des objets volés!
Monique	Naturellement. Mais il y a le plat de la crypte de l'église – il est de retour!
Sylvestre	Oui.
Désiré	Demain, je parle à Monsieur le curé.
Monique	Monsieur Sylvestre fabrique ces copies de l'amphithéâtre en plâtre, n'est-ce pas?
Sylvestre	Oui. Désiré aussi . . . Pour les clients.
Monique	C'est très bien, n'est-ce pas, Monsieur Lambert?
Guy	Oui, en effet; très bien.
Sylvestre	Je voudrais aussi fabriquer des copies de la tête de la Vénus de Montmirail.
Monique	Oui, c'est une idée excellente.
Sylvestre	Mais . . . ce n'est pas facile.
Monique	Vous pouvez l'emprunter; vous pouvez la demander à Monsieur le maire . . .
Sylvestre	Oui?
Monique	Mais oui . . .
Sylvestre	Oh, je suis content.
Désiré	Alors, ça va. Je demande la tête à Monsieur le maire . . .
Sylvestre	Et moi, je fabrique des copies et des copies et des copies. C'est magnifique . . . Oh je suis content!
Guy	(wryly) Oui, c'est une idée excellente. Mais, attention, Monsieur Désiré! Ne perdez pas la tête!

WORDS AND EXPRESSIONS . . .

l'assiette f	plate
la boîte	box
le cendrier	ash-tray
le client	customer
le commerce	business
la copie	copy
l'idée f	idea
le maire	mayor
le mur	wall
l'objet m	object/thing
le plâtre	plaster
le rayon	shelf
le souvenir	souvenir
la tête	head

9

ça	this/that
aimable	kind
célèbre	famous
content	happy, pleased
excellent	excellent
grand	big/large/great
intéressant	interesting
petit	small, little
plein	full
vide	empty
volé	stolen
admirer	to admire
attirer	to attract
décorer	to decorate
demander	to ask (for)
emprunter	to borrow
fabriquer	to make/manufacture
fermer	to close, shut
je suis	I am
à	to/in
après	after(wards)
naturellement	naturally
parce que	because
partout	everywhere
pour	(in order) to
pourquoi?	why?
puis	then
c'est tout	that's all
en effet	indeed/that's right
de retour	back (where it was)
il est midi	it's 12 o'clock (midday)
ne perdez pas la tête!	don't lose your head!
(une assiette) pour manger	(a plate) to eat (off)
qu'est-ce que (c'est)?	what (is it)?
sans arrêt	continuously, without stopping
si vous permettez	if you'll allow me

. . . COMMENTS . . .

'Je ferme. Il est midi'

Shops usually close for lunch in France, especially in the provinces, and stay closed for about two hours. They also tend to open earlier and close later in the day than in Britain.

. . . HOW WE SAY THEM . . .

An **e** that carries no written accent is often pronounced in certain phrases when in others it is not:

le sac	but:	**voilà l~~e~~ sac**
le lit	but:	**voilà l~~e~~ lit**
un~~e~~ fenêtr~~e~~	but:	**la f~~e~~nêtr~~e~~**
un~~e~~ semain~~e~~	but:	**la s~~e~~main~~e~~**
il regard~~e~~	but:	**je r~~e~~gard~~e~~**

Since it is not possible to give a simple rule, the best thing is to listen carefully and repeat as many phrases as frequently as possible.

. . . HOW WE USE THEM . . .

J'aime le mystère.

C'est excellent pour le **commerce.** / **tourisme.**

Cette affaire attire les **clients.** / **touristes.**

Note that **le, la, l'** or **les** is often required in French where in English their equivalent is not (see also page 21).

9

Voilà	une tête	magnifique. remarquable.	Remember that adjectives (words like **magnifique, remarquable, aimable, grand, etc.**) add **–s** when they refer to nouns in the plural.
	des têtes	magnifiques. remarquables.	

Ce musée / Cette église est célèbre.

Adjectives that end in **–e** stay unchanged, whether they are used with a masculine or with a feminine noun.

C'est	un	vin excellent. objet volé.
	une	copie excellente. voiture volée.
Ce sont des		vins excellents. objets volés. copies excellentes. voitures volées.

Adjectives that end in a consonant or in a vowel other than **–e** add **–e(s)** when used with feminine nouns.

Ce plafond Cette valise	et	cette fenêtre ce sac	sont	intéressants. pleins.

When an adjective refers to both a masculine and a feminine noun, it is used in the masculine plural.

Là, / Ici, vous avez un plafond intéressant. / tapis remarquable.

Remember that most adjectives are ordinarily used after the noun to which they refer.

Je n'aime pas les grands hôtels. / petits cendriers.

But some very common adjectives like **grand** and **petit** are most frequently used before the noun.

Qu'est-ce que c'est? / vous voulez? / vous cherchez?

What is it? / would you like? / are you looking for?

Note how **qu'est-ce que** is used.

J'aime beaucoup ça.
Je n'aime pas ça.
Posez-les comme ça.

ça this/that is used when there is no need for precision.

Et ça, qu'est-ce que c'est?
Ça, c'est un petit cendrier.
Ça, c'est une assiette.

What's this then?
That's a small ash-tray. / plate.

Note this use of **ça**.

Je demande le plat à Monsieur le curé.
Vous pouvez le demander à Monsieur le maire.

I'll ask M. le curé for the plate.
You can ask M. le maire for it.
Note how **demander** is used.

Il y a beaucoup de touristes à Montmirail.

Venez à Montmirail!

Vous voulez parler / le demander à Monsieur le curé?

Note these uses of **à**.

C'est une assiette pour manger?
Non, c'est pour décorer un mur.

pour manger / décorer (in order) to eat (off). / decorate.

. . . AND NOW SOME PRACTICE!

Il est plein, ce sac!
Il est grand, ce lit!

Ces sacs sont pleins aussi.
Ces lits sont grands aussi.

Il est plein, ce sac!
Il est grand, ce lit!
Elle est pleine, cette valise!
Elle est grande, cette fenêtre!
Il est vide, ce tiroir!
Il est petit, ce placard!
Elle est vide, cette boîte!
Elle est petite, cette chambre!
Oui, mais les lits sont grands.

Ces sacs sont pleins aussi.
Ces lits sont grands aussi.
Ces valises sont pleines aussi.
Ces fenêtres sont grandes aussi.
Ces tiroirs sont vides aussi.
Ces placards sont petits aussi.
Ces boîtes sont vides aussi.
Ces chambres sont petites aussi.

Ce château est grand!
Ce numéro est facile!

En effet, il n'est pas petit!
En effet, il n'est pas difficile!

Ce château est grand!
Ce numéro est facile!
Ce tiroir est vide!
Ce miracle est possible!
Ce garage est petit!
Ce livre est difficile!
Ce coffre est plein!
Ce plan est impossible!
Quel dommage!

En effet, il n'est pas petit!
En effet, il n'est pas difficile!
En effet, il n'est pas plein!
En effet, il n'est pas impossible!
En effet, il n'est pas grand!
En effet, il n'est pas facile!
En effet, il n'est pas vide!
En effet, il n'est pas possible!

Du vin, Monsieur?
De la bière, Monsieur?

Oui; un peu de vin, s'il vous plaît.
Oui; un peu de bière, s'il vous plaît.

Du vin, Monsieur?
De la bière, Monsieur?
Du café, Monsieur?
De l'eau, Monsieur?
Du jambon, Monsieur?
De la viande, Monsieur?
Du pain, Monsieur?
De la moutarde, Monsieur?
Un peu d'huile aussi?

Oui; un peu de vin, s'il vous plaît.
Oui; un peu de bière, s'il vous plaît.
Oui; un peu de café, s'il vous plaît.
Oui; un peu d'eau, s'il vous plaît.
Oui; un peu de jambon, s'il vous plaît.
Oui; un peu de viande, s'il vous plaît.
Oui; un peu de pain, s'il vous plaît.
Oui; un peu de moutarde, s'il vous plaît.

9

●

Elle aussi est grande . . .
Elle aussi est remarquable . . .

Elle aussi est grande . . .
Elle aussi est remarquable . . .
Elle aussi est contente . . .
Elle aussi est difficile . . .
Elle aussi est petite . . .
Elle aussi est impossible . . .
Elle aussi est intéressante . . .
Elle aussi est aimable . . .

Il est grand !
Il est remarquable !

Il est grand !
Il est remarquable !
Il est content !
Il est difficile !
Il est petit !
Il est impossible !
Il est intéressant !
Il est aimable !
Oui. Ils sont très bien !

●

Oui, je suis M. Lambert. Pourquoi ?
Oui, je suis Mme Lafont. Pourquoi ?
Oui, je suis Mlle Mauget. Pourquoi ?

Oui, je suis M. Lambert. Pourquoi ?
Oui, je suis Mme Lafont. Pourquoi ?
Oui, je suis Mlle Mauget. Pourquoi ?
Oui, je suis M. Brown. Pourquoi ?
Oui, je suis Mme White. Pourquoi ?
Oui, je suis Mlle Black. Pourquoi ?
Oui, je suis M. Wright. Pourquoi ?
Oui, je suis Mme Smith. Pourquoi ?

Vous êtes M. Lambert ?
Vous êtes Mme Lafont ?
Vous êtes Mlle Mauget ?

Vous êtes M. Lambert ?
Vous êtes Mme Lafont ?
Vous êtes Mlle Mauget ?
Vous êtes M. Brown ?
Vous êtes Mme White ?
Vous êtes Mlle Black ?
Vous êtes M. Wright ?
Vous êtes Mme Smith ?
Vous avez une lettre . . .

L'église est vide aussi.
La boîte est pleine aussi.

L'église est vide aussi.
La boîte est pleine aussi.
La crypte est vide aussi.
L'armoire est pleine aussi.
La chambre est vide aussi.
L'assiette est pleine aussi.
La place est vide aussi.
La valise est pleine aussi.

Il est vide. Et l'église ?
Il est plein. Et la boîte ?

Il est vide. Et l'église ?
Il est plein. Et la boîte ?
Il est vide. Et la crypte ?
Il est plein. Et l'armoire ?
Il est vide. Et la chambre ?
Il est plein. Et l'assiette ?
Il est vide. Et la place ?
Il est plein. Et la valise ?
Et le sac ?

9

●

Qu'est-ce que vous voulez?
Qu'est-ce que vous cherchez?

Qu'est-ce que vous voulez?
Qu'est-ce que vous cherchez?
Qu'est-ce que vous aimez?
Qu'est-ce que vous achetez?
Qu'est-ce que vous préférez?
Qu'est-ce que vous regardez?
Qu'est ce que vous réparez?
Qu'est-ce que vous détestez?

Je voudrais du papier.
Je cherche un cendrier.

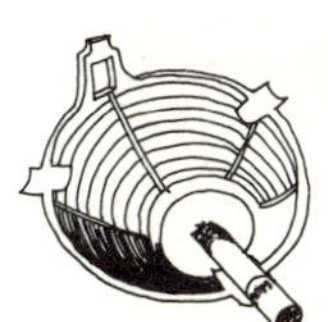

Je voudrais du papier.
Je cherche un cendrier.
J'aime le café.
J'achète un billet.
Je préfère le vin.
Je regarde cette voiture.
Je répare la panne.
Je déteste les souvenirs.
Les souvenirs: je ne les aime pas.

●

Je n'aime pas les petits cendriers . . .
Je n'aime pas les grands hôtels . . .

Je n'aime pas les petits cendriers . . .
Je n'aime pas les grands hôtels . . .
Je n'aime pas les petites serviettes . . .
Je n'aime pas les grandes églises . . .
Je n'aime pas les petits appareils . . .
Je n'aime pas les grands musées . . .
Je n'aime pas les petites assiettes . . .
Je n'aime pas les grandes villes . . .

Ce cendrier est très petit!
Cet hôtel est très grand!

Ce cendrier est très petit!
Cet hôtel est très grand!
Cette serviette est très petite!
Cette église est très grande!
Cet appareil est très petit!
Ce musée est très grand!
Cette assiette est très petite!
Cette ville est très grande!
Vous n'aimez pas Paris?

Un maillot, Monsieur?
Une robe, Madame?

Oui; je voudrais un de ces maillots.
Oui; je voudrais une de ces robes.

Un maillot, Monsieur?
Une robe, Madame?
Un guide, Monsieur?
Une carte, Madame?
Un souvenir, Monsieur?
Une copie, Madame?
Un cendrier, Monsieur?
Une pellicule, Madame?
Très bien: une pellicule en noir et blanc.

Oui; je voudrais un de ces maillots.
Oui; je voudrais une de ces robes.
Oui; je voudrais un de ces guides.
Oui; je voudrais une de ces cartes.
Oui; je voudrais un de ces souvenirs.
Oui; je voudrais une de ces copies.
Oui; je voudrais un de ces cendriers.
Oui; je voudrais une de ces pellicules.

NOW YOU KNOW . . .

. . . how to say who you are
. . . how to ask what something is or what somebody wants
. . . how to say something's big or small, full or empty – or simply famous
. . . how to be vague about things!

AU REVOIR! ET TRAVAILLEZ BIEN!

10 Qu'est-ce que vous prenez?

(The policeman, M. Dutronc, is strolling past the café on duty when Jules, the waiter, calls to him.)

Le Garçon	Bonjour, Monsieur l'agent, ça va?
L'Agent	Oui, ça va.
Le Garçon	Alors, le voleur – ou les voleurs, vous les avez?
L'Agent	Non. Mais la police cherche . . . et cherche bien.
Le Garçon	Qu'est-ce que vous cherchez? Un homme, une femme? Des hommes, des femmes?
L'Agent	Chut! C'est un secret.
Le Garçon	Oh! Alors . . . (calls to customer) J'arrive! (serves customer and returns with tray of drinks) Qu'est-ce que vous prenez?
L'Agent	(on duty) Moi? Non, merci. (looks at watch) Il n'est pas quatre heures . . .
Le Garçon	Allons, un petit apéritif, un petit cognac ou un petit whisky. C'est excellent pour la santé!
L'Agent	Non, merci. Je regrette . . . mais c'est impossible.
Le Garçon	Je voudrais parler avec vous. Asseyez-vous.
L'Agent	Ce n'est pas possible . . . je ne peux pas . . .
Le Garçon	(confidentially) C'est à propos des vols . . .
L'Agent	(interested) Ah, bon!
Le Garçon	Asseyez-vous!
L'Agent	Non, merci . . . mais vous pouvez parler. J'écoute.

Le Garçon Eh bien, le voleur n'est pas loin.

L'Agent Pourquoi?

Le Garçon Parce que le voleur habite à Montmirail!

L'Agent Eh bien, non! Le voleur n'habite pas à Montmirail.

Le Garçon Alors, où est-il? Qui est-ce?

L'Agent Chut! C'est un secret.

Le Garçon (trying to make him talk) Vous voulez dire un visiteur?

L'Agent Chut!

Le Garçon Si c'est un visiteur, arrêtez-le!

L'Agent Chut!

Le Garçon Alors, c'est un visiteur.

L'Agent (non-committal) Je ne sais pas.

Le Garçon (taunting him) Ah! Vous êtes bizarre . . . Vous cherchez le voleur, vous le trouvez et vous ne l'arrêtez pas! Ça, c'est un mystère . . . Attendez! Demain, la tête de la Vénus de Montmirail . . . pst . . . !

L'Agent C'est impossible!

Le Garçon Attendez, attendez! Demain, ou peut-être aujourd'hui . . . !

L'Agent Vous plaisantez!

(Guy and Monique at the café bar)

Guy Qu'est-ce que vous prenez?

Monique Je ne sais pas . . .

Guy Allons . . . un cognac, un whisky, un vermouth?

Monique Non, merci.

Guy Alors, un citron pressé . . . ou une bière?

Monique Eh bien, d'accord; une bière, s'il vous plaît.

Le Garçon Ah, Mademoiselle Mauget! Bonjour, Mademoiselle!

Monique Bonjour, Jules! Monsieur Lambert, je vous présente Jules.

Guy Jules? (shaking hands) Mais c'est un ami!

Le Garçon (explains) Monsieur Lambert est un client. (to Guy) Alors, vous aimez Montmirail?

Guy Oui, beaucoup. J'aime la ville . . . (looking at Monique) et j'aime les habitants. Je voudrais rester à Montmirail . . .

Monique Oui? Moi, je voudrais habiter à Paris . . .

L'Agent (worried, after thinking things over) Jules, vous avez des soupçons?

Le Garçon (unconvincingly) Non, non . . .

L'Agent Allons, Jules, écoutez!

Monique (interrupting) Ah, bonjour Monsieur l'agent! Monsieur Lambert, je vous présente Monsieur Dutronc.

Guy Monsieur Dutronc est un ami, c'est un agent de police remarquable! Asseyez-vous, Monsieur l'agent.

L'Agent Je regrette, mais je ne peux pas.

Guy Pourquoi?

L'Agent Parce que . . . (looks at watch) Ah non . . . maintenant, ça va: il est quatre heures.

Guy Ah, bon! Alors, asseyez-vous!

L'Agent (to Monique) Vous permettez?

Monique Je vous en prie.

Guy (as Jules brings tray of drinks) Qu'est-ce que vous prenez? Un apéritif, de la bière, du vin?

10

L'Agent Oh, Monsieur Lambert . . .

Guy Allons, allons, un petit vermouth ou un petit verre de vin . . .

L'Agent Un petit verre de vin blanc, alors.

Guy Eh bien, Jules, un verre de vin blanc pour Monsieur l'agent; une bière pour Mademoiselle Mauget et un cognac pour moi.

Le Garçon Une bière blonde ou une bière brune?

Monique Une blonde, s'il vous plaît.

Guy Moi, je voudrais un sandwich; et vous, Mademoiselle?

Monique Eh bien . . . moi aussi.

Le Garçon J'ai du jambon . . . du fromage . . . du saucisson . . .

Monique Hum . . . du saucisson!

Le Garçon Alors, un sandwich au saucisson.

Guy Et pour moi, un sandwich au fromage. Alors, Monsieur l'agent, et ces vols?

L'Agent C'est bien simple: j'écoute, je regarde, je cherche . . . je parle à tout le monde . . .

(Jules arrives with sandwiches)

Le Garçon (teasingly) Mais le mystère continue . . . ! Et voilà un sandwich au saucisson, un sandwich au fromage, une bière blonde, un verre de vin blanc et un cognac.

Guy Qu'est-ce que vous prenez, Jules?

Le Garçon Oh, merci, Monsieur Lambert. Un petit verre de vin rouge.

Monique A votre santé, Monsieur l'agent!

Guy A votre santé, Jules!

Le Garçon Hum, ce vin rouge est excellent . . .

Monique . . . Et cette bière est excellente.

L'Agent (returning to subject of thefts) J'observe tout le monde . . .

Le Garçon (mocking) Naturellement! Je ne suis pas agent de police, mais, moi aussi, j'observe . . . (pointing to customers) Cet homme, cette femme, Monsieur Lambert et Mademoiselle Mauget! . . . Et vous!

L'Agent (taken aback) Moi? Oh . . . !

Guy (interested) Jules, vous avez des soupçons?

Le Garçon Oui, mais c'est un secret!

L'Agent (not to be outdone) Moi aussi, j'ai des soupçons. Il y a beaucoup de 'visiteurs' à Montmirail . . . D'habitude, un visiteur reste un jour, deux jours, une semaine peut-être à Montmirail. Mais, en ce moment, c'est bizarre; il y a un professeur, Monsieur Vautrin . . . il est ici pour un mois.

Monique Ah, vous aussi, vous l'observez, ce professeur . . . ?

L'Agent Oui. Il y a aussi une femme.

Guy Cette femme, qui est-ce?

L'Agent Elle est archéologue . . .

Guy Je voudrais la rencontrer.

L'Agent (pointing to woman at another table) Elle est là.

Guy (to Monique) Vous permettez?

Monique Je vous en prie.

(Guy goes across to archaeologist)

Guy Madame . . . les antiquités vous intéressent, n'est-ce pas?

L'Archéologue (a little taken aback) Mais oui, Monsieur . . .

Guy Moi aussi, Madame.

10

L'Archéologue Oh! C'est magnifique!

Guy (glancing at her brochure) Qu'est-ce que c'est . . . ? Un guide?

L'Archéologue Oui, le guide de Montmirail. Asseyez-vous!

Guy Merci, Madame.

(Waiter arrives with drinks)

L'Archéologue Ah, le garçon! (to Guy) Qu'est-ce que vous prenez?

Guy Eh bien . . . un petit verre de vin blanc; merci.

L'Archéologue Alors, et ces vols? C'est bizarre, n'est-ce pas?

Guy Oui, très bizarre.

Le Garçon (serving drinks) Voilà.

L'Archéologue (switching the drinks while talking) Monsieur Vautrin répète toujours: le voleur n'est pas loin.

Guy Monsieur Vautrin?

L'Archéologue Oui, c'est un ami.

(After his drink, Guy rejoins Monique and the policeman)

Guy C'est intéressant . . .

L'Agent Oui, cette femme est ici pour un mois. Et vous Monsieur Lambert . . . vous aussi, vous êtes ici pour un mois.

Monique (shocked) Oh! Monsieur Dutronc!

L'Agent (justifying himself) L'agent Dutronc observe, Mademoiselle Monique.

Guy (looking at watch) Mademoiselle, le film commence à cinq heures!

Monique Oh, vite, alors!

Guy Jules! L'addition, s'il vous plaît!

Le Garçon Huit francs. Le service n'est pas compris, Monsieur Lambert . . . ! (Guy pays and leaves a tip; they go)

(At the cinema box-office)

Guy Deux billets, s'il vous plaît; deux billets à cinq francs.

(As they reach their seats, a mystery film starts)

Monique Qu'est-ce que c'est?

Guy (amused by more mystery) Ça continue . . . !

Monique Vous avez des soupçons?

(Guy suddenly clutches his stomach and collapses on floor)

(appalled) Mon Dieu . . . ! Guy!

WORDS AND EXPRESSIONS . . .

l'addition f bill
l'apéritif m apéritif
l'archéologue m/f archaeologist
la bière blonde light beer
la bière brune dark beer
le citron pressé long iced drink made from fresh lemons
le cognac brandy
la femme woman
le fromage cheese
les habitants inhabitants/people
l'heure f hour
l'homme m man
le jour day
la santé health
le sandwich sandwich
le saucisson salami
le secret secret
le soupçon suspicion
le vermouth vermouth
le verre glass
le vin blanc white wine
le vin rouge red wine
le visiteur visitor
le whisky whisky

10

moi me

vous you

bizarre odd/peculiar

arrêter to arrest
habiter à to live in
observer to watch/observe

plaisanter to joke
rencontrer to meet

à at
à propos de . . . about . . .

tout le monde everybody
vite quick(ly)

asseyez-vous! (do) sit down!
attendez! you wait!
ça commence it starts
c'est combien? how much is that?
chut! quiet!
il est une/deux/ . . . heure(s) it's one/two/ . . . o'clock
où est-il/elle? where is he/she/it?
qu'est-ce que vous prenez? what would you like?/what will you have?
un sandwich au fromage/saucisson a cheese/salami sandwich
un verre de vin/d'eau a glass of wine/water
vous avez des soupçons? do you suspect anyone? (lit: have you any suspicions?)
vous les avez? have you got them?
vous plaisantez! you're joking!

. . . COMMENTS . . .

Loaves in France can be as much as 75 centimetres (2′ 6″) long, and French sandwiches are usually made from a hunk of loaf split horizontally through the middle. This can often be very thick, but the bread is always fresh and crusty. In the more fashionable cafés it is also possible to order English-type sandwiches **(un sandwich au pain de mie)**. Butter, however, is a rarity in any kind of sandwich, unless it is specifically asked for **(avec du beurre)**.

. . . HOW WE SAY THEM . . .

Notice that liaison (see page 41) is always made between those numbers that end in a consonant and a following word to which they refer, when it begins with a vowel or an **h** :

cinq‿heures **sept‿heures** **huit‿heures**

The final consonant of the following numbers is pronounced as **z** when liaison takes place:

deux‿heures **trois‿heures** **six‿heures** **dix‿heures**

In the same circumstances, the **f** of **neuf** is pronounced as **v** :

neuf‿heures

. . . HOW WE USE THEM . . .

Un petit verre ou un grand?
Un grand, s'il vous plaît.

Une bière blonde ou une bière brune?
Une blonde, s'il vous plaît.

Notice that adjectives can be used as nouns.

10

'Pour moi, un cognac. Et pour vous?'
'Vous montez avec moi?' 'Je monte avec vous.'
'Vous mangez sans moi?' 'Je mange sans vous.'
'C'est vous?' 'Oui, c'est moi!'

moi (me) and **vous** (you) are used after **pour, avec, sans, c'est** and other words like them.

'Moi, je voudrais habiter à Paris.
Et vous, vous voulez habiter à Montmirail?'

Note this use of **moi** and **vous** for extra emphasis.

Le film commence à cinq heures.

Note this use of **à** .

Où est Guy? / Où est-il?
Où est le musée? / Où est-il?
Où est Monique? / Où est-elle?
Où est l'église? / Où est-elle?

Note the use of the hyphen.

. . . AND NOW SOME PRACTICE!

●

Ça commence à deux heures?
Non: à trois heures.
Ça commence à trois heures?
Non: à quatre heures.

Ça commence à deux heures?
Non: à trois heures.
Ça commence à trois heures?
Non: à quatre heures.
Ça commence à quatre heures?
Non: à cinq heures.
Ça commence à cinq heures?
Non: à six heures.
Ça commence à six heures?
Non: à sept heures.
Ça commence à sept heures?
Non: à huit heures.
Ça commence à huit heures?
Non: à neuf heures.
Ça commence à neuf heures?
Non: à dix heures.
Parfait! Il est dix heures.

Qu'est ce que vous prenez? Un apéritif?
Oui; un apéritif, s'il vous plaît.
Qu'est-ce que vous prenez? Un vermouth?
Oui; un vermouth, s'il vous plaît.

Qu'est-ce que vous prenez? Un apéritif?
Oui; un apéritif, s'il vous plaît.
Qu'est-ce que vous prenez? Un vermouth?
Oui; un vermouth, s'il vous plaît.
Qu'est-ce que vous prenez? Un whisky?
Oui; un whisky, s'il vous plaît.
Qu'est-ce que vous prenez? Un cognac?
Oui; un cognac, s'il vous plaît.
Qu'est-ce que vous prenez? Une bière?
Oui; une bière, s'il vous plaît.
Qu'est-ce que vous prenez? Un verre d'eau?
Oui; un verre d'eau, s'il vous plaît.
Qu'est-ce que vous prenez? Un citron pressé?
Oui; un citron pressé, s'il vous plaît.
Qu'est-ce que vous prenez? Un café crème?
Oui; un café crème, s'il vous plaît.
Et pour vous, Monsieur?

10

Bon; je monte devant vous.
Bon; j'entre avec vous.

Bon; je monte devant vous.
Bon; j'entre avec vous.
Bon; je commence sans vous.
Bon; je signe pour vous.
Bon; je passe devant vous.
Bon; je regarde avec vous.
Bon; je pousse sans vous.
Bon; je téléphone pour vous.

Vous voulez monter devant moi ?
Vous voulez entrer avec moi ?

Vous voulez monter devant moi ?
Vous voulez entrer avec moi ?
Vous voulez commencer sans moi ?
Vous voulez signer pour moi ?
Vous voulez passer devant moi ?
Vous voulez regarder avec moi ?
Vous voulez pousser sans moi ?
Vous voulez téléphoner pour moi ?
Vous avez le numéro ?

●

Parce que je le garde.
Parce que je les échange.

Parce que je le garde.
Parce que je les échange.
Parce que je la laisse.
Parce que je les essaie.
Parce que je le pose.
Parce que je les enlève.
Parce que je la porte.
Parce que je les écoute.

Vous le gardez ? Pourquoi ?
Vous les échangez ? Pourquoi ?

Vous le gardez ? Pourquoi ?
Vous les échangez ? Pourquoi ?
Vous la laissez ? Pourquoi ?
Vous les essayez ? Pourquoi ?
Vous le posez ? Pourquoi ?
Vous les enlevez ? Pourquoi ?
Vous la portez ? Pourquoi ?
Vous les écoutez ? Pourquoi ?
Ah . . . !

Vous n'avez pas de cartes ?
Vous n'avez pas de souvenirs ?

Vous n'avez pas de cartes ?
Vous n'avez pas de souvenirs ?
Vous n'avez pas d'assiettes ?
Vous n'avez pas de couteaux ?
Vous n'avez pas de fourchettes ?
Vous n'avez pas de cuillères ?
Vous n'avez pas de verres ?
Vous n'avez pas de sandwichs ?

Des cartes ? Ah, non, je regrette . . .
Des souvenirs ? Ah, non, je regrette . . .

Des cartes ? Ah, non, je regrette . . .
Des souvenirs ? Ah, non, je regrette . . .
Des assiettes ? Ah, non, je regrette . . .
Des couteaux ? Ah, non, je regrette . . .
Des fourchettes ? Ah, non, je regrette . . .
Des cuillères ? Ah, non, je regrette . . .
Des verres ? Ah, non, je regrette . . .
Des sandwichs ? Ah, non, je regrette . . .
Je regrette . . . mais je n'ai pas de pain aujourd'hui.

10

●

Moi aussi, je l'aime.
Moi, je ne l'aime pas.

Moi aussi, je l'aime.
Moi, je ne l'aime pas.
Moi aussi, je les aime.
Moi, je ne les aime pas.
Moi aussi, je l'aime.
Moi, je ne l'aime pas.
Moi aussi, je les aime.
Moi, je ne les aime pas.

J'aime ce fromage.
Et j'aime ce saucisson.

J'aime ce fromage.
Et j'aime ce saucisson.
J'aime ces livres.
Et j'aime ces souvenirs.
J'aime ce jambon.
Et j'aime cette moutarde.
J'aime ces voitures.
Et j'aime ces appareils.
Pourquoi pas?

Non, deux . . . Bon. C'est combien?
Non, trois . . . Bon. C'est combien?

Non, deux . . . Bon. C'est combien?
Non, trois . . . Bon. C'est combien?
Non, quatre . . . Bon. C'est combien?
Non, cinq . . . Bon. C'est combien?
Non, six . . . Bon. C'est combien?
Non, sept . . . Bon. C'est combien?
Non, huit . . . Bon. C'est combien?
Non, neuf . . . Bon. C'est combien?

Un foulard?
Deux pellicules?

Un foulard?
Deux pellicules?
Trois carnets?
Quatre cartes?
Cinq billets?
Six sandwichs?
Sept cafés?
Huit cognacs?
Neuf cognacs? Vingt francs, Monsieur!

NOW YOU KNOW . . .

. . . how to ask someone to sit down
. . . how to order quite a few drinks and ask others what they would like
. . . how to order sandwiches, and what to expect
. . . how to say what time something begins – as long as it's on the hour and not after ten!

AU REVOIR! ET TRAVAILLEZ BIEN!

Grammar summary

A SUMMARY AND INDEX TO '. . . HOW WE USE THEM . . .

This summary covers only the main grammatical points dealt with in the book. Numbers in brackets refer to the lessons. Abbreviations: **f** = feminine, **m** = masculine, **p** = person, **pl** = plural, **s** = singular.

NOUNS AND ADJECTIVES

Gender (2, 9):
Nouns may be either masculine or feminine and there is no practical way of telling which are masculine and which are feminine (2).
Adjectives agree in gender with the noun to which they refer; an adjective that refers to both a masculine and a feminine noun is used in the masculine plural. Adjectives that end in **–e** in the masculine stay unchanged in the feminine: **un musée célèbre, une église célèbre;** adjectives that end in a consonant or in a vowel other than **–e** add **–e** in the feminine: **un vin excellent, une copie excellente; un objet volé, une voiture volée** (9).

Number (6, 7):
The plural of most nouns and adjectives is formed by adding **–s** to the singular form: **un livre intéressant, deux livres intéressants; une copie excellente, deux copies excellentes.** Nouns (and adjectives) that end in **–s** in the singular remain unchanged in the plural: **un tapis, deux tapis.** Nouns (and adjectives) that end in **–eau** add **–x** instead of **–s**: **un château, deux châteaux.** The plural of **journal** is **journaux.**

Position and use of adjectives (7, 9, 10):
Most adjectives follow the noun to which they refer: **un tapis magnifique**; but some very common adjectives (e.g. **petit** and **grand**) are most frequently used before the noun: **un petit cendrier, un grand hôtel.**
Adjectives are often used as nouns: **un petit verre ou un grand.**

DEFINITE ARTICLE

Simple forms (1, 2, 4, 6):

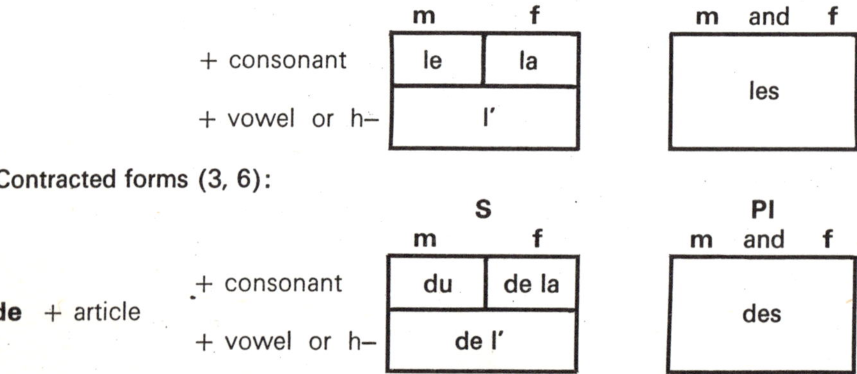

	S m	S f	Pl m and f
+ consonant	le	la	les
+ vowel or h–	l'		les

Contracted forms (3, 6):

de + article	S m	S f	Pl m and f
+ consonant	du	de la	des
+ vowel or h–	de l'		des

Use of definite article (3, 9):
Unlike English, the definite article is used before abstract nouns: **le commerce et le tourisme;** before mass nouns: **l'or et l'argent;** and before plural nouns used in a general sense: **les clients et les touristes.**

INDEFINITE ARTICLE (1, 2, 6, 7):

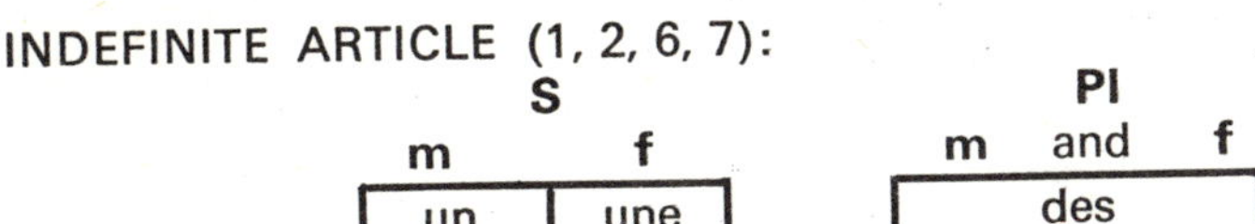

S m	S f	Pl m and f
un	une	des

In negative sentences (but not after **ce ne sont pas**), the indefinite article is replaced by **de** (or **d'** before a vowel or an h).

PARTITIVE ARTICLE (8):

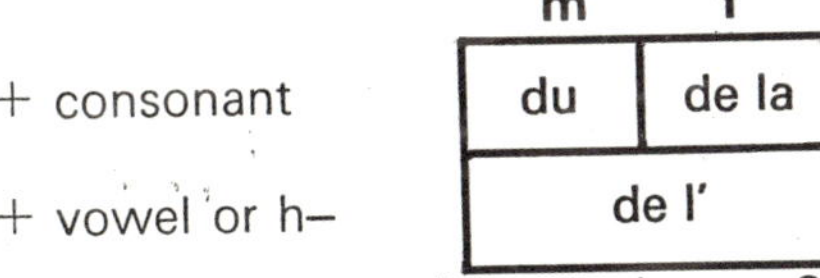

	m	f
+ consonant	du	de la
+ vowel or h–	de l'	

For the use of the partitive article, see lesson 8.

DEMONSTRATIVE ADJECTIVES AND PRONOUNS (6, 7, 9):

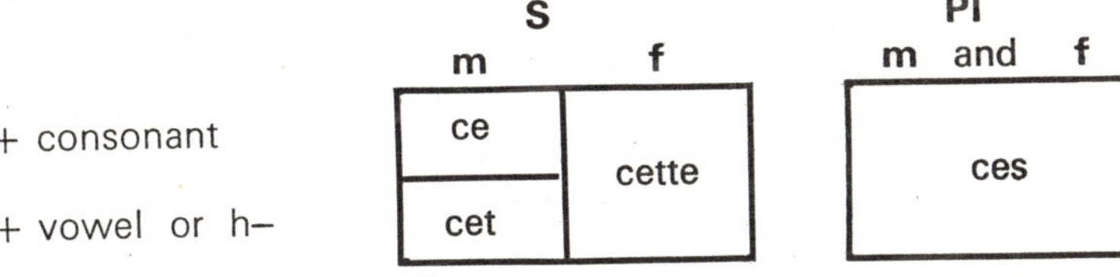

	S m	S f	Pl m and f
+ consonant	ce	cette	ces
+ vowel or h–	cet		

For the use of **ça** , see lesson 9.

PERSONAL PRONOUNS

Unstressed forms – subject (1, 2, 3, 7):

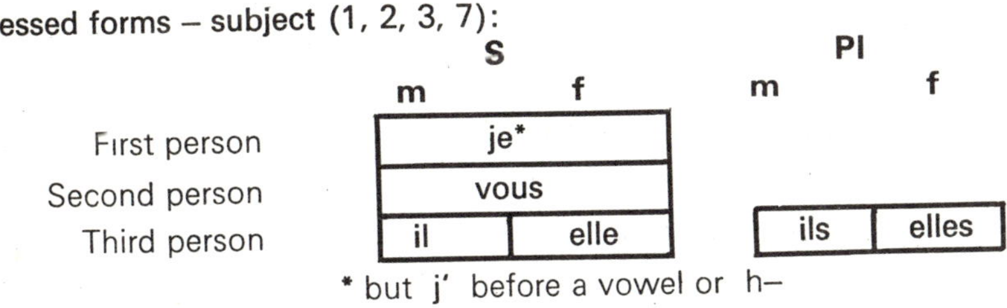

	S m	S f	Pl m	Pl f
First person	je*			
Second person	vous			
Third person	il	elle	ils	elles

* but j' before a vowel or h–

Unstressed forms – direct object (5, 6, 8):

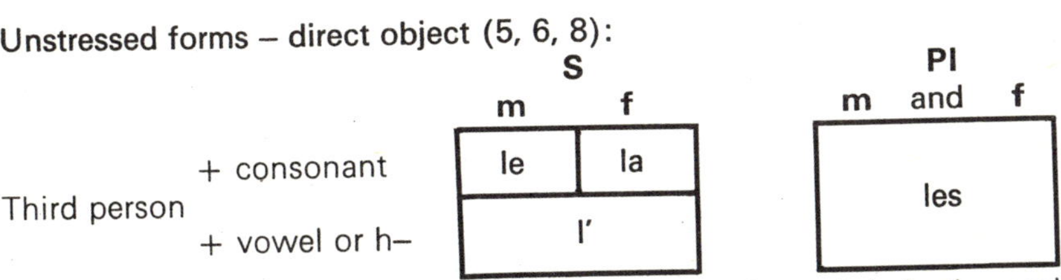

		S m	S f	Pl m and f
Third person	+ consonant	le	la	les
	+ vowel or h–	l'		

These pronouns precede **voilà** or a verb, unless the verb is in the positive imperative (5, 8).

Stressed forms (10):

	S m and f
First person	moi
Second person	vous

REGULAR VERBS

Infinitive (4):

pos-er

Present tense (4, 7):

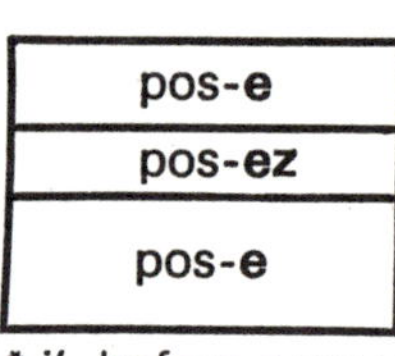

je*	pos-**e**	
vous	pos-**ez**	
il/ils elle/elles	pos-**e**	pos-**ent**

* j' before a vowel or h–

For the use of the present tense, see lesson 4.

For changes in the spelling of the **'je'** form of certain verbs, see lesson 5.

Imperative (5):

pos-ez!

For the use of the imperative, see lesson 5.

IRREGULAR VERBS

'to be' (1, 2, 6, 9)	je suis	vous êtes	il/elle est ils/elles sont
'to have' (8)	j'ai	vous avez	
'to want' (1)	je voudrais	vous voulez	
'to be able to' (2)	je peux	vous pouvez	

ADVERBS

For the use of **ici** and **là**, see lessons 1 and 2.

PREPOSITIONS

For some of the uses of **à**, see lessons 9 and 10.
For some of the uses of **de**, see lessons 3 and 7.
For some of the uses of **pour**, see lessons 2 and 9.

SOME BASIC CONSTRUCTIONS

For interrogative constructions, see lesson 1. For **où?**, see lessons 1 and 10; for **combien?**, lesson 8; for **qu'est-ce que . . . ?**, lesson 9; for **n'est-ce pas?**, lesson 6.
For negative constructions, see lessons 3, 7 and 8.

NUMERALS

zéro	0	**cinq**	5	**dix**	10
un/une	1	**six**	6	**vingt**	20
deux	2	**sept**	7	**trente**	30
trois	3	**huit**	8	**quarante**	40
quatre	4	**neuf**	9	**cinquante**	50
				soixante	60

Word groups

La date. Le mois, la semaine, le jour; l'heure, la minute. Il est une/deux/ . . . heure(s), il est midi. Hier, aujourd'hui, demain; à demain.

Maintenant, tout de suite, en ce moment; puis, après; d'abord, ensuite; souvent, sans arrêt; toujours.

La place. Où ?, où est-il/elle ?. Là; ici, là; par ici, par là. Sur, sous; dans; devant, derrière. Loin (de), près (de), tout près. Partout.

Le soleil.

La personne. L'homme, le monsieur, monsieur; la femme, la dame, madame/ mademoiselle.

Le parent. La mère, la fille; le frère; le papa. L'ami.

Le maire, le curé, le professeur, l'archéologue **m**; le guide; le garagiste, le chauffeur de taxi, le garçon. Le patron; le client. L'agent; le voleur. La marquise; l'archéologue **f**, l'employée, la vendeuse, la serveuse. Les habitants; le/la touriste, le visiteur.

La santé. La tête.

Aimer, désirer, préférer. Admirer, détester; regretter. Attirer; intéresser, intéressant.

Parler (à), téléphoner (à). Demander; répéter. Plaisanter. Chut ! Écouter; vous avez compris ?

Regarder, observer. Chercher, trouver.

L'idée. Supposer. Vous savez ?, vous avez compris ?; je ne sais pas. Ne perdez pas la tête !

Arriver, entrer; avancer, passer, tourner, monter; rester; quitter; de retour. Attendez !

Commencer, continuer, terminer.

Porter, poser; enlever. Essayer; garder, laisser. Fermer, arrêter, pousser.

Travailler, fabriquer, réparer; décorer.

Rencontrer; aider; emprunter.

Bonjour! Ça va ?, ça va ! Au revoir !, travaillez bien !, amusez-vous bien !

Qui est-ce? Il y a quelqu'un ? Je vous présente . . .

Vous permettez?, si vous permettez; je vous en prie, asseyez-vous.

En vacances. Le tourisme, le/la touriste, le visiteur. L'agence de voyages. La visite, visiter; le guide. Le souvenir.

Le taxi; l'autobus, l'arrêt de l'autobus; le billet. La voiture, la voiture louée.

La voiture. Le moteur; la roue, la roue de secours, le pneu; le frein; le coffre. La panne, la panne d'essence, la crevaison. Le garage, le garagiste. L'essence; la normale, la super; faites le plein; l'huile; l'eau.

La valise, le sac.

La ville, le plan de la ville. Le maire; les habitants, habiter à.

La place. L'hôtel, la poste, l'agence de voyages, le musée, l'église, l'école, la pharmacie. Le château. Les antiquités, l'amphithéâtre; le monument.

L'entrée, la sortie.

L'hôtel. La réception, réserver une chambre; la fiche, signer. La chambre, la salle de bains, la douche; le salon, la salle à manger.

La chambre à un lit/à deux lits; la clef de la chambre, le numéro de la chambre. Le mur, le plafond; la fenêtre.

La table, le bureau, la chaise; le lit; le placard, l'armoire; le rayon, le tiroir, la boîte; le tapis. Le téléphone, le numéro de téléphone; téléphoner. Le cendrier.

La salle de bains; la douche. La glace, la serviette; le peigne.

La salle à manger. La table, la chaise; la place. Le plat, l'assiette; la fourchette, le couteau, la cuillère. Le verre.

Le café. Le garçon, la serveuse. Qu'est-ce que vous prenez ? L'addition, c'est combien ?, le service est compris.

L'eau. Le citron pressé. Le café, le (café) crème. Le vin blanc/rouge, un verre de vin; la bière blonde/brune. L'apéritif; le vermouth. Le cognac, le whisky.

La glace.

Le pain. La viande, le jambon, le saucisson. Le fromage. Le beurre, l'huile, la moutarde. Le sandwich, le sandwich au jambon/saucisson; le sandwich au pain de mie; le sandwich avec du beurre.

La poste. Le guichet, l'employée. La lettre, la carte (postale); l'adresse. Le timbre, le timbre à quarante centimes; le carnet de timbres; Le papier. La collection.

Le musée. Le guide du musée. Le billet; le guide. Défense de toucher.

L'église. La crypte, le trésor. Le curé. Le miracle.

L'école; le professeur. Travaillez bien!

La vendeuse. Vous désirez ? C'est combien ? La soie, le nylon, la toile. Porter. Chic.

La paire de chaussures. Le pyjama. Le maillot.

Le pantalon, le pull-over.

La robe; le foulard.

La paire de lunettes (de soleil).

La photo. L'appareil, la pellicule; la caméra, le film; en noir et blanc, en couleur. Développer.

Le livre; le journal; le guide. Le disque.

La liste; l'objet; la copie; le triangle.

Le franc, le centime. Le commerce.

L'or, l'argent; le plâtre; le papier; la soie, le nylon, la toile.

L'affaire, le mystère, le secret. Le miracle.

Le crime, le vol; le voleur; l'objet volé. La police, l'agent; le soupçon, vous avez des soupçons ?; arrêter.

Grand, petit; plein, vide.

Beaucoup (de), très; peu (de); combien (de).

Magnifique, remarquable, excellent. Aimable, célèbre, bizarre; content. Facile, difficile; possible, impossible.

Certainement, naturellement, évidemment. Bon!, en effet!, d'accord!, bien!, très bien!, parfait!, bravo!

Peut-être.

Tiens!, c'est bizarre!, attention! A propos, venez voir, vous voyez!, c'est bien simple!

Voyons!, allons!, allez! Quel dommage!

Glossary

Many of the following words have meanings additional to the ones we have given: all the translations give the sense of the words as used in the dialogues and drills. The number in brackets refers to the lesson in which the word or expression first appears. Abbreviations:

f = feminine   m = masculine   pl = plural

A

a : il y a there is/are (6); **il y a quelqu'un?** anybody in? (8)

à to/in (9) at (10); **à demain!** till tomorrow!/see you tomorrow! (8); **à droite** to the right/right (4); **à gauche** to the left/left (4); **à propos** by the way (2); **à propos de . . .** about . . . (10)

acheter to buy (5)

l'addition f bill (10)

admirer to admire (9)

l'adresse f address (5)

l'affaire f affair (4); **quelle affaire!** what a business! (7)

l'agence f **(de voyage)** (travel) agency (6)

l'agent m (police) officer (4)

ai : j'ai I have (8)

aider to help (4)

aimable kind (9)

aimer to like (4)

allez : vous allez you go/are going (1)

allons! come on! (8)

alors so, now then (1); **alors, demain?** what about tomorrow? (6)

l'ami m (male) friend (6)

l'amphithéâtre m amphitheatre (4)

amusez : amusez-vous bien! have a good time! (1)

l'Angleterre f England/Britain (6)

les antiquités f pl ancient monuments/antiques (7)

l'apéritif m apéritif (10)

l'appareil m still camera (5)

après after(wards) (9)

l'archéologue m/f archaeologist (10)

l'argent m silver (5); **en argent** made of silver (4)

l'armoire f (free-standing) cupboard (4)

l'arrêt m (bus) stop (4); **sans arrêt** continuously, without stopping (9)

arrêter to stop (8); to arrest (10)

arriver to arrive (7); **j'arrive!** I'm coming! (5)

asseyez-vous! (do) sit down! (10)

l'assiette f plate (9)

attendez! you wait! (10)

attention! careful! (4)

attirer to attract (9)

aujourd'hui today (6)

aussi also/too (3)

l'autobus m bus (4)

avancer to come/to go forward (8)

avec with (2)

avez : vous avez you have (8); **vous les avez?** have you got them? (10)

B

beaucoup very much/a lot (3); **beaucoup de . . .** a lot of . . ./many (7)

le beurre butter (8)

bien good/well/very well (3); **très bien!** very well!/that's fine! (2); **il/elle est très bien** it looks very good (5); **c'est bien simple** it's quite simple (4)

la bière beer (3); **la bière blonde** light beer (10); **la bière brune** dark beer (10)

le billet ticket (4)

bizarre odd/peculiar (10); **c'est bizarre** that's very odd (5)

blanc see **vin**

blonde see **bière**

la boîte box (9)

bon! good!/all right! (1); **ah bon!** I see! (4)

bonjour! good morning!/good afternoon! (1)

bravo! well done! (8)

brune see **bière**

le bureau desk (1)

C

c' see **ce**

ça this/that (9); **ça commence** it starts (10); **ça marche** it's work ng/going (8); **ça va!** that's/everything's all right! (2); **ça va?** is it/everything all right? (2); **c'est ça!** that's it! (3); **comme ça** like this/that (3)

le café coffee; café (3) **le (café) crème** white coffee (3)
la caméra cine-camera (5)
le carnet book (of stamps/tickets/etc.) (6); **un carnet de timbres** a book of stamps (6); **un carnet à quatre francs** a 4 F book of stamps (6)
la carte (postale) postcard (6)
ce this/that (7)
ce : c'est it is/it's (3); **ce n'est pas** it isn't (3); **c'est bien simple** it's quite simple (4); **c'est bizarre** that's very odd (5) **c'est ça** that's it/(3); **c'est (très) chic** that's (very) chic/smart (5); **c'est combien?** how much is that? (10); **c'est deux francs** that's two francs (7); **c'est tout** that's all (9);**ce (ne) sont (pas)** they're (not) (6)
célèbre famous (9)
le cendrier ash-tray (9)
le centime centime (6)
certainement certainly/of course (5)
ces these/those (8)
cet this/that (7)
cette this/that (7)
la chaise chair (7)
la chambre room (2); **une chambre à un lit** single bedroom (6); **une chambre à deux lits** double bedroom (6)
le château château (5)
le chauffeur driver (1); **chauffeur de taxi** taxi driver (1)
chaussures : une paire de chaussures a pair of shoes (5)
chercher to look for (5)
chic smart (5); **c'est (très) chic** that's (very) chic/smart (5)
chut! quiet! (10)
cinq five (2)
cinquante fifty (8)
le citron pressé long iced drink made from fresh lemons (10)
la clef key (2)
le client customer (9)
le coffre boot (of car) (8)
le cognac brandy (10)
la collection collection (7)
combien (de) how much/many (8); **c'est combien?** how much is that? (10)
comme : comme ça like this/that (3)
commencer to begin (7); **ça commence** it starts (10)
le commerce business (9)
compris : le service est compris the service is included (3); **vous avez compris?** did you understand? (1)
content happy/pleased (9)
continuer to carry on (5); **continuez!** carry on! (1)
la copie copy (9)
le couteau knife (7)
crème see **café**
la crevaison puncture (8)
le crime crime/murder (3)
la crypte crypt (4)
la cuillère spoon (3)
le curé (parish) priest (3)

D

d' see **de**
d'abord first (4)
d'accord! I agree!/that's agreed! (5)
la dame lady (7)
dans in (1)
date date (2)
de of (1); **de la, de l'** some/any (of) (8)
décorer to decorate (9)
défense de toucher do not touch (4)
demain tomorrow (6); **à demain!** till tomorrow!/see you tomorrow! (8); **alors, demain?** what about tomorrow? (6)
demander to ask (for) (9)
derrière behind (4)
des of the (6)
désirer to wish (5); **vous désirez?** what would you like to have?/what can I do for you? (3)
détester to hate (7)
deux two (2)
devant in front of (4)
développer to develop (5)
difficile difficult (8)
disparu! gone! (4)
le disque record (1)
dix ten (3)
dommage : quel dommage! what a shame! (3)
la douche shower (2)
droite : à droite to the right/right (4)
du of the (3); some/any (of) (8)

E

l'eau f water (8); **un verre d'eau** a glass of water (10)
échanger to exchange (5)
l'école f school (4)
écouter to listen (5); **écoutez!** listen! (1)
effet : en effet indeed/that's right (9)
l'église f church (4)

elle she/it **(2, 7)**
elles they **(7)**
l'employée f (female) clerk/assistant **(6)**
emprunter to borrow **(9)**
en : en ce moment at the moment **(7); en effet** indeed/that's right **(9); en vacances** on holiday **(1); une pellicule en couleur/en noir et blanc** a colour/black and white film **(5); un plat en or/argent** a gold/silver dish **(3); une robe en soie/nylon** a silk/nylon dress **(5)**
enlever to take out **(5)**
ensemble together **(7)**
ensuite then/later/afterwards **(4)**
l'entrée f entrance **(4)**
entrer to go/come in **(4)**
essayer to try (on) **(5)**
l'essence f petrol **(8); vous êtes en panne d'essence** you are out of petrol **(8)**
est is **(1)**
et and **(1)**
êtes : vous êtes you are **(2); vous êtes en panne** you've broken down **(8); vous êtes en panne d'essence** you are out of petrol **(8)**
évidemment obviously **(8)**
excellent excellent **(9)**

F
fabriquer to make/manufacture **(9)**
facile easy **(8)**
la femme woman **(10)**
faites : faites le plein fill her up **(8)**
la fenêtre window **(2)**
fermer to close/shut **(9)**
la fiche (hotel registration) form **(2)**
la fille daughter **(2)**
le film film (for ciné-camera) **(5); un film en couleur** colour film **(5); un film en noir et blanc** black and white film **(5)**
le foulard head-scarf/square **(5)**
la fourchette fork **(7)**
le franc franc **(6); c'est deux francs** that's two francs **(7)**
la France France **(6)**
le frein brake **(8)**
le frère brother **(8)**
le fromage cheese **(10); un sandwich au fromage** a cheese sandwich **(10)**

G
le garage garage **(8)**
le garagiste garage owner/attendant **(8)**
le garçon waiter **(3)**
garder to keep **(2)**
gauche : à gauche to the left/left **(4)**
la glace ice-cream **(3)**; mirror **(5)**
grand big/large/great **(9)**
la Grande-Bretagne Great Britain **(6)**
le guichet position at counter **(6)**
le guide guide-book **(1)**; guide (person) **(4)**

H
les habitants m pl inhabitants/people **(10)**
habiter à to live in **(10)**
habitude : d'habitude usually **(7)**
l'heure f hour **(10); il est une/deux/ . . . heure(s)** it's one/two/ . . . o'clock **(10)**
hier yesterday **(7)**
l'homme m man **(10)**
l'hôtel m hotel **(4)**
l'huile f oil **(8)**
huit eight **(3)**

I
ici here **(2); par ici** this way **(4)**
l'idée f idea **(9)**
il he **(7)**; it **(1); il est une/deux/ . . . heure(s)** it's one/two/ . . . o'clock **(10); il y a** there is/are **(6); il y a quelqu'un ?** anybody in ? **(8)**
ils they **(7)**
impossible impossible **(8)**
intéressant interesting **(9)**
intéresser to interest **(7)**

J
j' see **je**
le jambon ham **(8)**
je I **(1)**
le jour day **(10)**
le journal newspaper **(1)**

L
l' the **(4)**; him/her/it **(5)**
la the **(2)**; her/it **(5)**
là here/there **(1); par là** that way **(4); elle est là** she's in **(7)**
laisser to leave **(3)**
le the **(1)**; him/it **(5)**
les the; them **(6)**
la lettre letter **(6)**
la liste list **(6)**
le lit bed **(1)**
le livre book **(1)**
loin far **(4); loin de** far from **(7)**
louée : une voiture louée a hired car **(8)**
lunettes : une paire de lunettes (de soleil) a pair of (sun)glasses **(5)**

M
madame madam/Mrs **(1)**
mademoiselle madam/miss **(1)**
magnifique splendid **(7)**
le maillot bathing-costume **(1)**
maintenant now **(4)**
le maire mayor **(9)**
mais but **(2)**; **mais oui!** yes of course! **(2)**; **mais non!** of course not! **(2)**; **ah, mais . . . !** yes, but . . . ! **(3)**
manger to eat **(2)**; **pour manger** to eat (off) **(9)**
marche : ça marche it's working/going **(8)**
la marquise marchioness **(7)**
merci thank you **(1)**
la mère mother **(2)**
midi : il est midi it's twelve o'clock (midday) **(9)**
la minute minute **(2)**
le miracle miracle **(4)**
moi me **(10)**
le mois month **(2)**
le moment : en ce moment at the moment **(7)**
monsieur sir/Mr. **(1)**; gentleman **(7)**; **Monsieur l'agent/le curé** (see page 27)
monter to go up **(2)**
le monument monument **(7)**
le moteur engine **(8)**
la moutarde mustard **(8)**
le mur wall **(9)**
le musée museum **(4)**
le mystère mystery **(1)**; **j'aime le mystère** I like mysteries **(3)**

N
n' see **ne**
naturellement naturally **(9)**
ne/n' . . . pas not **(3)**
n'est-ce pas? isn't that so? **(6)**
neuf nine **(3)**
non no **(1)**; **mais non!** of course not! **(2)**
la normale regular petrol **(8)**
le numéro number **(2)**
le nylon nylon **(5)**; **(une robe) en nylon** (a) nylon (dress) **(5)**

O
l'objet m object/thing **(9)**
observer to watch/observe **(10)**
l'or m gold **(5)**; **un plat en or** a gold dish **(3)**
ou or **(2)**
où where **(1)**; **où est-il/elle?** where is he/she/it? **(10)**
oui yes **(1)**; **mais oui!** yes, of course! **(2)**

P
le pain bread **(8)**
la paire pair **(5)**; **une paire de chaussures** a pair of shoes **(5)**; **une paire de lunettes (de soleil)** a pair of (sun) glasses **(5)**
la panne breakdown/fault **(8)**; **vous êtes en panne** you've broken down **(8)**; **vous êtes en panne d'essence** you are out of petrol **(8)**
le pantalon pair of trousers **(1)**
(le) papa daddy **(2)**
le papier paper **(6)**
par : par ici/là this/that way **(4)**
parce que because **(9)**
pardon! I'm sorry! **(2)**
le parent relative/parent **(6)**
parfait! that's fine! **(2)**
parler (à) to speak (to) **(1)**
partout everywhere **(9)**
pas not **(3)**; **ne/n' . . . pas** not **(3)**
passer to pass **(4)**
le patron boss **(1)**
le peigne comb **(1)**
la pellicule film (for still camera) **(5)**; **une pellicule en couleur** colour film **(5)**; **une pellicule en noir et blanc** black and white film **(5)**
perdez : ne perdez pas la tête! don't lose your head! **(9)**
permettez : vous permettez? may I? **(3)**; **si vous permettez** if you'll allow me **(9)**
la personne person **(6)**
petit small/little **(9)**
peu little **(7)**; **un peu de . . .** a little . . . **(8)**
peut-être perhaps **(7)**
peux : je peux I can/may **(2)**
la pharmacie chemist's shop **(6)**
la photo photo **(3)**
le placard (built-in) cupboard **(2)**
la place square (of town) **(4)**; place/seat **(6)**
le plafond ceiling **(7)**
plaisanter to joke **(10)**; **vous plaisantez!** you're joking! **(10)**
plaît : s'il vous plaît please **(1)**
le plan plan **(4)**
le plat dish **(3)**; **un plat en or** a gold dish **(3)**
le plâtre plaster **(9)**
plein full **(9)**; **faites le plein** fill her up **(8)**

le pneu tyre **(8)**
la police police **(4)**
porter to carry **(2)**; to wear **(5)**
poser to put down **(1)**
possible possible **(8)**
la poste post-office **(4)**
pour for **(2)**; (in order) to **(9)**; **(une assiette) pour manger** (a plate) to eat (off) **(9)**; **pour un mois** for a month **(2)**; **pour une semaine** for a week **(2)**
pourquoi? why? **(9)**
pousser to push **(8)**
pouvez : vous pouvez you can/may **(2)**
préférer to prefer **(5)**
prenez : qu'est-ce que vous prenez? what would you like?/what will you have? **(10)**
près near **(4)**; **près de** near **(7)**; **tout près** very near **(4)**
présente : je vous présente . . . may I introduce . . . **(7)**
pressé see **citron**
prie : je vous en prie please do!/that's all right! **(3)**
le professeur teacher **(3)**; **vous êtes professeur?** are you a teacher? **(3)**
propos : à propos by the way **(2)**; **à propos de . . .** about . . . **(10)**
puis then **(9)**
le pull-over pullover **(1)**
le pyjama pyjamas **(1)**

Q

quarante forty **(6)**
quatre four **(2)**
quel : quel dommage! what a shame! **(3)**
quelle affaire! what a business! **(7)**
quelqu'un : il y a quelqu'un? anybody in? **(8)**
qu'est-ce que what? **(9)**; **qu'est-ce que c'est?** what is it? **(9)**; **qu'est-ce que vous prenez?** what would you like?/what will you have? **(10)**
qui: qui est-ce? who is it/he/she? **(7)**
quitter to leave **(6)**

R

le rayon shelf **(9)**
la réception reception-desk **(6)**
regarder to look at **(1)**; **regardez!** look! **(4)**
regretter to regret/to be sorry **(8)**
remarquable remarkable/extraordinary **(7)**
rencontrer to meet **(10)**
réparer to repair **(8)**
répéter to repeat **(5)**; **répétez!** **repeat!** **(1)**
répondez! reply!/answer! **(1)**
réserver to reserve **(2)**
rester to stay/remain **(8)**
retour : de retour back (where it was) **(9)**
revoir : au revoir! goodbye! **(1)**
la robe dress **(5)**
la roue wheel **(8)**; **roue de secours** spare wheel **(8)**
rouge see **vin**

S

le sac (travelling) bag **(1)**
sais : je ne sais pas I don't know **(8)**
la salle à manger dining-room **(2)**
la salle de bains bathroom **(2)**
le salon drawing-room/lounge **(6)**
le sandwich sandwich **(10)**; **un sandwich au fromage/saucisson** a cheese/salami sandwich **(10)**; **un sandwich au pain de mie** English-type sandwich **(10)**; **un sandwich avec du beurre** a sandwich with butter **(10)**
sans without **(2)**; **sans arrêt** continuously/without stopping **(9)**
la santé health **(10)**
le saucisson salami **(10)**; **un sandwich au saucisson** a salami sandwich **(10)**
le secret secret **(10)**
la semaine week **(2)**
sept seven **(3)**
la serveuse waitress **(3)**
service : le service est compris the service is included **(3)**
la serviette towel **(2)**
si if **(2)**; **si vous permettez** if you'll allow me **(9)**; **s'il vous plaît** please **(1)**
signer to sign **(2)**
simple : c'est bien simple! it's quite simple! **(4)**
six six **(2)**
la soie silk **(5)**; **(une robe) en soie** a silk (dress) **(5)**
soixante sixty **(8)**
le soleil sun **(5)**; **une paire de lunettes (de soleil)** a pair of (sun)glasses **(5)**
sont are **(6)**; **ce (ne) sont (pas)** they're (not) **(6)**
la sortie exit **(7)**

le soupçon suspicion (10); **vous avez des soupçons?** do you suspect anyone? (10)
sous under (1)
le souvenir souvenir (9)
souvent often (7)
suis : je suis I am (9)
la super super/high grade petrol (8)
supposer to suppose (8)
sur on (1)
surtout especially (6)

T
la table table (3)
le tapis carpet (7)
le taxi taxi (1); **le chauffeur de taxi** taxi driver (1)
le téléphone telephone (1)
téléphoner to telephone (2)
terminer to finish (6)
la tête head (9); **ne perdez pas la tête!** don't lose your head! (9)
tiens! well, well! (3)
le timbre stamp (6); **un carnet de timbres** a book of stamps (6); **un timbre à quarante centimes** a 40-centime stamp (6)
le tiroir drawer (5)
la toile canvas (5)
toujours always (5)
le tourisme tourism (6)
le/la touriste m/f tourist (7)
tourner to turn (4)
tout : tout de suite straightaway (2); **tout le monde** everybody (10); **tout près** very near (4); **c'est tout** that's all (9)
travailler to work (1); **travaillez bien!** work well! (1)
trente thirty (6)
très very (5); **très bien!** very well!/that's fine! (2); **il/elle est très bien** it looks very good (5)
le trésor treasure (4); **c'est un trésor!** it's quite a treasure! (4)
le triange triangle (6)
trois three (2)
trouver to find (3)

U
un a, an (1); one (2)
une a, an (2); one (2)

V
vacances : en vacances on holiday (1)
la valise suitcase (2)
la vendeuse (female) shop assistant (5)
venez! come! (4); **venez voir . . .** come and see . . . (7)
le vermouth vermouth (10)
le verre glass (10); **un verre de vin/d'eau** a glass of wine/water (10)
la viande meat (8)
vide empty (9)
la ville town (4)
le vin wine (3); **le vin blanc** white wine (10); **le vin rouge** red wine (10); **un verre de vin** a glass of wine (10)
vingt twenty (6)
la visite visit/guided tour (7)
visiter to visit/to sight-see (3)
le visiteur visitor (10)
vite quickly (10)
voilà here/there (it) is (1)
voir : venez voir . . . come and see . . . (7)
la voiture car (8); **une voiture louée** a hired car (8)
le vol theft (3)
volé stolen (9)
le voleur thief (3)
voudrais: je voudrais I'd like (to have)/I want (1)
voulez : vous voulez you'd like (to have)/you want (1)
vous you (1, 10)
voyez : vous voyez you see (4)
voyons let's see/let's have a look (5); come, come . . . ! (7)

W
le whisky whisky (10)

Y
y : il y a there is/are (6); **il y a quelqu'un?** anybody in? (8)

Z
zéro zero (8)

First published 1969

Published by the British Broadcasting Corporation, 35 Marylebone High Street, London WIM 4AA

Printed in England by Taylor Garnett Evans & Co. Ltd. Watford, Herts. SBN:563 09067 7